パリス

ジャポネピアニスト、パリを彷徨《ゆ》く

装丁　荻窪裕司
写真　南　博

もし幸運にも、若者の頃、パリで暮らすことができたなら、その後の人生をどこですごそうとも、パリはついてくる。パリは移動祝祭日だからだ。

ヘミングウェイ「移動祝祭日」（高見浩訳　新潮文庫）より

ギンザ

「よお、クラブ・ヴィンテージのピアノのセンセーよお、今夜もあちいな、これからもう一軒の方へ行くんだろ。お忙しいこって。まあ頑張って働かないと日本経済もお先真っ暗なんだろうな…、あはははは、あ、モク持ってるか……？」

「おはよーございます、お世話になっております。しかし本当に暑いですね。お仕事ご苦労様です。皆さん総出で、今晩オーナーさんでもいらっしゃるんですか」

僕がそう返答しつつすかさず差し出したキャメルに、彼はマッチで火を付ける。そして右手で無造作に投げ捨てるマッチ棒の先に、磯辺焼き屋の屋台がゆっくりと通り過ぎてゆく。

そのスジの方々は必ずくわえタバコだった。いつも両手が空いていないといざという時の防御率、瞬発力が格段に違うらしい。

くだらない冗談を飛ばすその野卑な男の周りには、同じスーツを着た男達が二〜三人、ポケットに手を入れて突っ立っているが、周りを歩いている銀座界隈の酔客の品定めに余念がない。そこに僕がひょこっと混じったというだけの話だ。

彼らはいつだって「何かしらのトラブル」を探している。見つからなければ、自ら進んで、え、ソレはないでしょう、というレヴェルの、たとえば、ミンミンゼミからでもカッアゲするのではと思わせるような妙な知恵の絞り方をして「トラブル」をでっち上げる。でもまあ、世の中なんてほとんどのことが、良きも悪しきも、質の悪いでっち上げでできあがってんじゃん、とこちらの思考回路が止まってしまうような蒸し暑さの中、僕はそのスジの方々に、よく呼び止められたのだ。

存在自体が珍しかったからだろうと思う。銀座のナイトクラブの常連客でもないし、ウエイターでもない、しかも音大とは言え東京の大学ご卒業か。大学出のピアニストでバンドマン。こいつの正体は何だ？　まあ、ぶーたれてビルの隙間に誘い込み、取れるモノは取っちゃったとしても、どうも親分に気に入られているフシもあるようだから、どうしたモノか。そういう珍しい生き物を見るような視線が、僕を見る彼らの鋭い目の色の中に含まれていた。

しかし不思議なことに共通点もあった。うだるような夏の暑い夜、銀座のバンドマン、そのスジの方々共々、我々は往来でスーツを脱ぐことを許されていなかった。テーラーメイドの、体にピタッとはまるようなデザインのスーツも、真夏の銀座の横道や細い筋の抜け道を早足で歩いていると汗だくになり、ついつい脱ぎたくなるのが人情というもので、しかしそれは許されておらず、真夏でもビシッとスーツをキメて、ネクタイも緩めず、シレっとしているということが彼らとの共通点であった。


僕だって彼らと話なんかあまりしたくない。掛け持ちといって二つのクラブを三十分ずつ行ったり来たりしている汗だくの僕は、ただただ次の仕事場所に、音楽も芸術もへったくれもなく、そういうことをなるべく考えないよう歩を進めることで精一杯で、そのスジのアンチャンとだべっている暇なんかないのだが、ここで彼らを無視すると、ソレはそれで後々いろいろと面倒なことが起こることも知っていた。銀座で二年もピアノを弾いていれば、そのくらいの知識はイヤでも学ばざるをえない。

「センセーさあ、ヴィンテージでいくらもらってんの?」

「さあ、一千億ぐらいッすかねえ、今度ロールスロイス買うつもりなんすよ」

こういう切り返しがとっさに口から出るようになるのには、ただの音大生だった僕には随分時間がかかったが、逆に言えば、まともな内容を話す状況でも場所でも無い。彼らは僕を、ハナシの内容によっては、あわよくば「パリヒ」しようとしているのは一目瞭然だった。

わざとスーツの袖をまくり上げるように突っ込んだ、ポケットの中の手の少し上に位置するベルトには、何やら黒光りするモノや、三十センチ弱の、どう見てもただの棒ではない鞘付き包丁みたいなモノを直にはさんでおり、わざとそれらを僕にちらつかせる。要するに僕を脅しているのだ。言うこときけよな……。

「パリピ」というのはもう死語だろうが、芸人やミュージシャンを、更に良い条件の出演場所に「釣る」ことをいう。今やっているところから引っぱるから「パリピ」というバンド独特の逆さ用語になったのだろう。「パリピ」されたら直ちに俺に報告しろ、とヴィンテージのバンマスに厳命されていたので、その場は軽くいなすしか方法はなかった。

なぜだか当時、一九八六年から一九八九年の間の銀座、といっても四丁目、服部時計店（銀座和光）の方ではない、新橋駅を出て、汐留方面から延びてくる首都高のガードをくぐった先にある博品館劇場を左手にみて、銀座八丁目の交差点から日航ホテル裏、みゆき通りから銀座通りまでの狭い一帯の中に、信じられない数のナイトクラブ、キャバレー、スナックがひしめき合っていた。

そして、そういう「お店」の店長とはまた別の、オーナーさんと呼ばれる方々が、それらの実質上の持ち主で、おしなべてそのスジの方々で構成されており、内輪では「会長」

と呼ばれていた。なぜだか分からないが、夜とはいえ路上で凶器をちらつかせる「会長」の手下どもに、桜田門関係者が取り締まりをしようとしたところを、少なくとも僕が銀座にいるあいだ、一度も見たことがない。

当時の銀座の夜は昼より明るかった。そこら中にあるネオンやビルの壁に縦に並ぶ色とりどりのお店の看板のピンク、黄色、ブルーライトのピカピカが全部一緒になって、そこいらの横町の地面に落ちている灰色の釘まですぐ見つかるくらい、その一帯は明るかった。だが、不夜城を見るのは簡単だが、そこで毎日夕方から午前一時まで、運転免許の書き換えで出会う、見ず知らずの人とはまたひと味違った人達と共に長時間過ごさざるをえない状況でカネを稼ぐには、その人達特有の表現と表情、隠語を習得し、歩き方、目つきまで真似る必要があった。
そして、そのスジの方々、バンドマンの先輩といっぱしに口がきけるようになるには、ある一定期間、勝手にこちら側が密かに彼らを観察し修行する必要があったのだ。そんな教本、当たり前ながら本屋には売っていなかった。たとえば、寿司屋に奉公に行けば、その親方が、右も左も分からぬ一人の青年を、蹴っ飛ばそうが殴り倒そうが、「寿司屋」

として一人前になれるまで面倒を見るだろう。一方、僕にはナイトクラブのバンマスがその修行の見本となる筈の人物であったが、時間どおり来なくても表情ひとつ変えず、今日は二日酔いだからギター担ぐけど、弾くマネだけしてるから、ミナミちゃん適当にアイダ埋めといて、なんて言う人物が親方であれば、自らがどう修行をすれば良いのか、から考えるしかなくなってくる。

当然不問の決まりごと、法ではない掟が、そういう特有の場所であるが故に存在したが、逆に言えば、それらの掟を破り、そのスジの方の怒りを買うと、東京湾を永遠に素潜りするハメになることも何となく彼らの話の端々から身にしみて分かっていたので、してはいけない、とされている事象自体に僕は近寄らないよう気をつけていた。後から考えると、これが一番の修行となった。

音大を卒業し、ジャズピアニストに成りたいがため夜はあらゆるところで演奏していたが、昼はバイトを転々としなければ生活できなかった。そんな或る日、知り合いのピアニストの知り合いの知り合いから電話がかかってきた。「今晩銀座のナイトクラブでピアノの空きが出た。今日の夜の話だが出られるか」。この電話の主が誰だか今も分からない。

言われたとおりの時間と場所にたどり着いた僕のまわりにいたのは、チイママ、バンマス、ジャーマネ、ウエイター、全員が、僕の人生でそれまでまったくかすったことのない人達ばかりであった。

「ミナミちゃんていったよね、ちゃんと弾けるじゃない。音大でてるんだって？　じゃあ譜面も読めるんだ。あのさあ、しばらくここでピアノ弾いてくれないかなあ。チェンジのピアノ（掛け持ちのピアニストの一人という意味）がいなくて困ってたんだよ。ミナミちゃん、ジャズやりたいんでしょ、その歳だったら。一晩いくらで演奏してるの？　まあいい、今回は答えなくていいから。ウチは月五十から話させてもらうけどいいかな」

コールマン髭をキレイに手入れしたバンマスの提案に黙って頷いたものの、給料の高額さに愕然とした。どちらにせよ、もうバイトはうんざりで、今晩みたいに、ウエスタンから昭和歌謡、聴いたこともない昔のアメリカ映画で歌われたメロディーなど、あまりピアノで弾きたくないものの演奏でも、重い紙の束を肩に担いで階段を上下したり、紙裁断機のギロチンのような刃を見つめながら真っ二つになってゆく紙の束をぼーっと見つめているより、当時の僕にとって、バンマスの言葉は、百億倍魅力的だった。

「センセーさあ、ヴィンテージのラーギャ、月五十か六十でしょ。わるかない払いだけど、そこからミセがいくら抜いてるかしってる？」ヤッパちらつかせるおあにいさんが、僕にこの様な類いのことをささやくことは何度もあった。

店がいくら抜いていようがそんなことは知りたくもない。カネは最初の約束どおりで充分だ。銀座二年目の僕はいい加減なピアノを弾いて大枚のおカネを、この狂乱の絶頂であるバブルという時代を利用してため込んでいた。そしてこの資金で一発逆転、バンマス、スジ者どもなどもあっと言わせて、彼らが気付いたら、僕はアメリカの音楽学校の青い芝生のキャンパスを歩いていましたとさ、というのが僕のアタマの中の絵図であった。しかし、世の中簡単に思うとおりにはならない。


店が跳ねると、ニイサン達とバンドマンが何となく集まる喫茶店があって、そこでは競馬新聞を読んで競馬の話しかしていないので、自然と僕は煙草を吸いながら、窓の外をぼんやりと銀座の通りを眺めていた。ギャンブルはパチンコで充分だった。

ニイサン達がお持ちになっておられるお仕事道具は、当時、暴対法前でも家に隠し持っているだけで懲役であった。ところがなんとその喫茶店には、やはり「会長」の息がかかっているのか、仕事道具を磨いたり、仲間同士で見せ合ったりしている者もおり、僕は視線を更に窓から外せなくなる。

オニイサン方は皆一見静かで大人しく、仕事道具を磨くのも、まるでゴルフ道具の手入れをしているような表情で行っていたが、そういう集団には、ちょっとおっちょこちょいの奴が必ずいるもので、僕を相手に、彼の仕事道具の性能についてから始まって、ケンカのやり方、必ず勝つ方法、人に謝りを入れる方法、弱みをにぎる方法などをべらべらと喋り続ける者もいた。

「三八口径、リヴォルバー、まあ最高のチャカよ。四五口径だと、当たり所がどこでも相手が死んじゃうから、殺人罪になっちゃうと、ほら、娑婆に出たときジジイだし、ね。三八口径は上手く狙えば相手を本部まで生きたまま引っぱってこられるし、ね、握ってみなよ、ほら、意外と軽いでしょ」

僕は話に半分付き合うふりをしながら、ジャズの理論の本を読んだり、譜面を書いたり、アレンジの勉強をして、虎視眈々とこの場から「逆タカトビ」する日を目標にしていた。そうだ。僕の的の真ん中は敵の組の若い衆なんかじゃない。これから先の自分の身のふりかたそのものなんだ。そして僕は弾を標的の真ん中に的中させた。

パリス

1

アメリカのボストンで二年程過ごした後、同じ音楽学校の学生であった仲間の一人、スイス人ドラマー、ピーターの誘いで、アメリカ人のベーシスト、ジョーと共に、ピアノトリオで、スイスにある主要都市のほとんどをまわるツアーに付き合った。

一九九〇年のクリスマス時期には、ホテルでのパーティーの仕事も含まれており、ツアーが終わったとき、僕は想像していた以上のギャラを手にしていた。

ピーターとジョーは、仕事が終われば、ボストンに帰ると言っていたが、僕の心の中には、何かそれでは収まりのつかない、ひっかかっているものがあった。ボストンでの生活にも、ある意味飽いていた。毎日同じことの繰り返し。それは銀座のナイトクラブの仕事よりも楽しいことだったことは確かだが。

いずれにせよ、ボストンの学校には、休みたければ、まずワンセメスター休みたいと電話を入れれば事足りる。そういう意味で、学校のことなんか気にする必要はなかった。

スイスの景色は、僕を陶然とさせるほど美しかったが、音楽的刺激という意味に於いては、何もなかった。そうだ。このままこの金を持ってパリに行ってやろう。ジャン＝

リュック・ゴダールの風景が直に見られるかもしれない。少なくともスイスより、アートの面でハプニングしていることはたしかだ。スイス人から見れば、パリは遠い地なのだろうが、僕にとっては、列車に乗れば、いずれは到着する地である。近いじゃないか。

岡本太郎、藤田嗣治、バタイユ、モディリアーニ、ピカソ、ラヴェル、ドビュッシー、ゲンスブール、そして敬愛するエディット・ピアフ。もう何でもいい！　それらの名前と音楽と絵画と映像。そうだ。パリは地続きなんだ。たったそれだけの発想で、僕はピーターとジョーに宣言した。「I am going to Paris!」

ピーターは要するに良い奴で、ヒロシ、パリに何をしにいくんだ、とか、パリに着いた後どうするんだとかいろいろと心配してくれたが、この極東から来た異邦人の狂った頭の中を察するような繊細さを彼は持ちあわせていなかったようだ。しかも、僕の頭の中に渦巻いているパリへの憧れを、英語で表現するのは無理だったので、自然と彼の質問には寡黙となる。とにかく、ピーターの実家のあるズーリックから、どうやったらパリに行けるか、鉄道の路線図を見せてもらった。ピーターが言うには、まずスイスの北に位置するバーゼルまで行き、そこからパリ行きの夜行に乗るのが得策だということだった。

まず、ズーリックからバーゼル行きの列車に乗ることとなる。ピーターとジョーが駅まで見送ってくれた。駅舎の中に待合室があり、電車がでる時間まで一時間程あった。僕はそこで白ワインを注文し、彼らに奢った。

「ヒロシ、何でパリなんか行くんだ。フランス語しゃべれるのか」

「しゃべれないよ」

「学校はどうするんだ」

「ちゃんと学校に電話をかけてワンセメスター、休むことにした」

「パリでなにするつもりなんだ」

「分からない。できたらピアニストとして生活できたらと思う」

「ヒロシ、おまえ、クレージーだよ、そんなこと、簡単に行くわけないじゃないか」

「いいんだよ。もう僕には、東京に帰っても、何もないんだ。ナッシングだ。それより、ピーター、今回のツアーの行程の方が、クレージーだったと思わないか」

いきなりジョーがそこで笑いころげた。

確かに、ピーターの組んだツアー行程は、お粗末そのものだった。まず、ピーターの借りた車が小さすぎた。ということで、ツアー中、僕とジョーは、ピーターの重いドラムセットのケースを二つ、膝の上に抱えて移動した。その他、ホテルの用意も、何もかも、てんでなっちゃいなかった。でも、なぜだか、彼らの人柄に依るものなのか、楽しいツアーだった。

「まず、パリへ行ったら、女を見つけてそこに転がりこめ。後は何とかなるさ」

ジョーがタバコの火を足下でぐりぐりと消しながら言った。アメリカ人らしい意見だと思った。

「ジョー、タバコ吸うの止めたんじゃなかったのか」

「ステーツに帰ったら吸わないよ。俺は今ヨーロッパに居るんだぜ、なあ、ピーター」

ビーという音と共に、列車がホームに入ってきた。どうやらあれがバーゼル行きの列車らしい。僕は無言で、トランク二つ転がしながら、駅のホームへと歩き出した。その後を、ピーターとジョーがついてくる。

「ヒロシ、ヘイメン、グッドラック、また会えるよな」

「ジョー、サンクス、パリで何があっても、学校だけは卒業するつもりだ。そのことだけは心に決めてある。だからいずれはボストンに帰るよ。でも、そのこと以外は何にも決めてないんだ」

ピーターは無言であった。二等車の列車を見つけ、トランクを車両と車両の間にねじ込もうとしたら、もうそこは、客車でもないのに、既に立錐の余地無く人が立っていた。一目で全員がイタリア人だと分かった。みな季節労働者みたいな格好をして、一様に鳥打ち帽をかぶり、各々ワインの瓶を抱えている。

「チャオチャオ、イオソーノ、ジャポネーゼ！　ヴィノ・ペルファヴォレ！」

混み合った中の連結部の一角に居た小父さんが、震える手で、ワインのボトルを僕に差し出してくれた。僕はそれをぐっと呑み、「グラッツェ！」と言い、自分のスペースを探していたら、音もなく、列車のドアが閉まってしまった。

僕は急いでピーターとジョーに、窓越しに手を振った。最後の別れのハグができなかったことを悔やんだ。二人とも僕のことが大好きなことが分かる、白い歯をキラキラと雪景色のように顔半分に反射させるような笑みを浮かべながら、ホームに立って、こちらに向かって何か大声で叫んでいた。出発だ。

夜になってもバーゼルには着かなかった。窓の外は真っ暗で、ぎゅうぎゅう詰めのイタリア人と、何とかして人間的コミュニケーションを取る必要があるなと思っていたら、ワインの瓶がまわってきた。一口飲み干し、隣の奴にわたす。イタリア人はおしゃべりだという先入観があったが、少なくともその客車の連結部分には、疲れた中年髭面イタリア人が、黙々と、手持ちのワインを、皆で呑んでいるのみで、誰もしゃべらなかった。僕もイタリア語はしゃべれないから黙っていた。不定期的に、ワインの瓶がまわってくる。ええい、ままよと、ごくごくと飲んでしまった時もあった。そういう時にさえ、彼らは表情ひとつ変えなかった。

ワインをずっと回し飲みしていたら、夜遅くに、電車はバーゼルに到着した。大きな駅だった。とにかく天蓋が高く、だだっ広く、最初はどこでパリ行きのチケットを買えばいいかさえ分からなかった。うろうろしていたら、人が並んでいるので、「チケット？　チケット？　パリス？」と最終列の奴に聞いたら「ウイ」という。フランス語だったので、この列に並べばいいと思い、順番を待った。
なんだか駅そのものがものすごく薄ら寒かった。僕のその時の格好は、以前ウイーンのフリーマーケットで買ったナチのＳＳの将校が着ていたようなミリタリックなコートに、鳥打ち帽という姿。イタリア人がワインを飲ませてくれたのも、切符売り場を簡単に見つけられたのも、僕が何人で、どういう階級か誰も分からなかったからかもしれない。そう言えば、バーゼルまで一緒に居たイタリア人も、長いコートに鳥打ち帽姿だった。だから多分人種を超えて同化できたのだろう。

パリまでのチケットを買い、もっていた現金を全てフランに換金した。それまで見たこともない札ビラだったが、ちゃんと勘定し、首から下げていたパスポート入れにねじ込んだ。そしてパリ行きの夜行列車に飛び乗った。

2

明け方、プラットフォームの明かりが少し明るい駅を二つ通り過ぎたと思ったら、暗闇の中から、いきなりパリの街が眼前に広がり始めた。

威厳ある、人を寄せ付けない街筋。見るだけで憂鬱で憂鬱でしょうがなくなってしまうような、街灯の明かり。道筋に駐車されている、プジョーらしき小型車の列。それらの車の天井では、薄くバリバリとした感じの氷の結晶が、街灯の明かりを反射している。瞬間的に、パリになんか来ない方がよかったと心の底から感じる程、その情景は、異邦人を拒絶しているような気がしてしかたなかった。


到着した駅は、ガル・デュ・ノル（北駅）。大伽藍の天井を持つホームに、教会にしか見えない駅舎がくっ付いていて、その駅自体、美術館のように見えた。パリに到着したという感慨を味わうのもそこそこに、ものすごく底冷えのする風が吹いてきた。明け方だったが、近くにホテルのいくつかはあるわいと思っていたから、別に焦ってもいなかった。

その瞬間ひらめいた。ボストンでのルームメートのフランス人、ジェロームのことだ。彼はパリ生まれだが、両親はコルシカ島出身で、ジェローム自身、自分がコルシカンであることを誇りにしていた。また、ジェロームは、妙にニホン通で、マンガの「子連れ狼」をフランス語で読んだりしている奴だった。将棋も教えてやったし、花札のコイコイも教えてやった。

仲良くなるにつれ、ジェロームが、君がもしパリに行くようなことがあったら、僕の家にぜひ泊まってくれとかなんとか言っていたのを思い出したのである。コルシカンの友達はコルシカンだ。それを忘れないでくれとも言っていた。本人が、今でもその言葉を覚えているかは定かではないが、利用しない手はない。早速、近くのカフェに入って、ボストンのジェロームに電話した。

「ヘロー、ジェローム！」

「イロか、スイスにいるんじゃないのか。今アメリカは何時だと思ってるんだよ」

「僕は今パリにいるんだ」

「ホワット！　何だって。いつパリに来たんだ」

「今さっきだよ」

「ホワット？」

「お願いがあるんだよジェローム、コルシカンの友達は皆コルシカンだと言っていたよね」

「ああ、ああ」

「一週間ぐらいでいい。君の両親のアパルトメントに泊めてくれるよう、頼んでもらえないかな」

一瞬の間が空いた。当然だろう。いくら相手がコルシカンだって、誰にも事情というものがある。

「イロ、五分ぐらいしたら、また電話かけなおせるか」

「できるよ」

「ＯＫ、ホールドオン。おっと、ところでイロは今どこに居る？」

「北駅の真ん前のカフェ」

「ＯＫ！」と言ったきり、ジェロームの電話は切れた。五分後にまた国際電話をかけなおしたが、思ったとおり、ジェロームは電話に出なかった。僕は、無謀ということを日常とすべくパリに来ているつもりでいたので、別にジェロームとの通信が切れたからといって、何とも思わなかった。もう全てのことが、どうにでもなりやがれだ。


駅前のカフェで朝飯を食べることにした。後のことは、その時に考えるという態度で過ごさなければ、僕は逆に、何もできなかったろう。ウエイトレスを呼んで、隣でクロワッソンを食っている妙に色の白い青年の方に目配せした。同じものを持ってきてくれないかという目つきをウエイトレスに伝えると、ニコッと頷いて、店の奥に姿を消した。

待てど暮らせど、エスプレッソも、クロワッソンも、コーヒーも水さえも、なにも出てこない。まあ、そういうことねと思いながら、店の外をぼんやり眺めていたら、タクシーが店の真ん前に停まり、中からジェロームとそっくりの顔をした中年の男が出てきた。ジェロームの父親に違いない。おお、偉大なるコルシカ島の人々よ。ジェロームは、実家に電話をかけてくれたんだ。

僕は思わず「へーイ！」と言って手を振った。先方も、僕のことがジェロームの友人と認識できたらしく、笑顔で近寄ってきた。

「あー、メルシー、ジュマペル・ヒロシ、ジェロームズフレンド」ジェロームの親父も何か挨拶らしいことを言ったが、僕にはその意味がさっぱり分からなかった。だが、「ユーアーリアルコルシカン！」と言ったら、笑いながら僕をハグし、二人でテーブルに座りなおした。

彼の名はジャン・ルイ。ジェロームと同じ太い眉をし、やはり同じ漆黒の目をしていた。

僕のテーブルになにものっていなかったことに素早く気付いたのだろう。ウエイトレスを呼び、二言三言、フランス語で何か言ったら、クロワッソンとカフェオレが出てきた。ジャン・ルイはエスプレッソをたのんだ。そして何とジャン・ルイは、その小さなエスプレッソのカップの中に三つも角砂糖を入れ、スプーンでかきまぜながら、話し始めた。

「息子の友人のジャポネだな。オレはそんなに英語が上手くない。オレの息子、世話になってる。だな」

「お互い様です」

「イロ、アパルトメント、いま沢山親戚がコルシカから来てる。部屋はない」

「分かりました」

ジャン・ルイの英語が段々怪しくなってきた。

「イロ、おまえ、ジェロームの友達、コモンディトン？　ウララー、そう、親戚いなくなる。おまえ、泊まれる」

「ＯＫ」

「もっといいアイディー、女房の友達、ピアニスト、紹介する。同居人探してる」

「セボン！」

「名前は、ベロニク・ラヴィオレット。今日連絡する。イロ、ベロニク、会う日決める。それまで、イロ、ホテル泊まる」

「セボン！」

「近く、安いホテル、知っている。連れてく。どうだ」

僕が頷く間もなくなぜか二人とも同時に立ち上がり、ジャン・ルイの知っているホテルまで歩いていくこととなった。

「オテル、チープ、ドントウォーリー」

実際、そのホテルは、まことにチンケな造りのもので、しかも早朝だったので、僕は上客とはいえなかった。僕を見た時点で、そのホテルのコンシェルジュが顔をしかめた。

しかし、次の瞬間、ジャン・ルイが、僕とコンシェルジュの間に割って入り、上体を、カウンターにあずけ、そのコンシェルジュに向かって、僕と話した時より一段低い声で、二言三言なにかを告げた。直感的に、その言葉はパリの下町言葉だと思った。

直後、そのコンシェルジュの顔が、最高の営業スマイルに変わり、僕に部屋のキーを渡した。

「ジャン・ルイ、メルシー。コルシカン、グレート！」

「ベロニクに電話する。アンド、アイ・コールユー・テレフォン。ジスオテル」

ジャン・ルイは、どこで覚えたのか、軽業師のような手つきで、そのホテルのネームカードをカウンターから一枚、さっと手に取ると、胸のポケットに入れ、「ドントウォーリー。テレフォンナンバー。テレフォンナンバー」と言いつつ胸のポケットをとんとんと叩いてからニコッとし、ちょうど夜が明けてきたパリの街角に消えていった。

3

ホテルの部屋で目覚めたら、もう既に夕暮れ時だった。

現世とあの世がどちらか分からないような目覚めでもあった。見覚えのない壁紙に、見覚えのない部屋。一瞬自分がどこにいるのか分からなくなった気がしたが、それは脳がそう感知していることであり、身体自体は、自分がパリに居るということを充分認識していることが分かる、朦朧覚醒のような状態だった。とにかくベッドから這い出て、壁際のベッドのすぐ脇にある窓の外を見ようとした。ふとカーテンレールを見ると、そこにはホコリがものすごく溜まっていた。ということは、この部屋は長い間、誰にも使われなかったということなのだろう。

ホコリのことなど気にせず、カーテンを思いっきりずばっと開いてみた。三階の部屋だったが、眼下の通りまでの高さは二階分ぐらいの高さしかない。何やら大勢の人が、行き来していた。スイスのバーゼルからパリ行きの夜行列車の中では一睡もできなかったので、ジャン・ルイの計らいで取ってもらったこのホテルの部屋に入ったとたん、倒れるように眠りこけてしまったようだ。実際、二つのトランクはそのまま床にころがっており、僕自身も、靴を履いたまま眠ってしまっていた。

今自分が居る位置がどうもよく分からない。パリのガイドブックや地図など持っていなかったので、ホテルのフロントまで行って、まず地図を手に入れることにした。

ドアを開けて階段を下りる。そのホテルのコンシェルジュは、ジャン・ルイが何を言い含めてくれたのかは分からないが、僕にはとても親切で、フランス語訛の英語で、「ウイー、ウイー、あなたは今ここに居ますよ。ガル・デュ・ノルの裏あたり。お食事だったら、良い店を紹介しますよ」

僕は礼を言いつつ地図をもらい、食べるところだったら自分で探すからと言いながら階段を上がり、部屋に戻った。改めて自分の部屋を見渡してみると、屋根裏部屋でないのに、屋根裏部屋のような造りの、天井が斜めになった部屋で、家具はベッドと簡易箪笥のみ。かろうじて、便器の上にシャワーが付いているといった具合であった。

詩人の金子光晴も、パリ放浪時代、こんな部屋を転々としていたのだろうと思うと、なんだか彼の物語の中に身を置くことができたようで愉快だった。金子光晴の名著、「ねむれ巴里」には、壁に南京虫を潰した跡がいくつもあったという記述がある。幸い僕の部屋には、冬であったためか、南京虫はいなかった。それに当時とは時代も違うだろう。


ホテルを後にし、ふらつきはじめた。自分のことというか、自己について考えながら、そこら辺の横丁をくねくねとほっつき歩いた。

パリの見知らぬ通りを歩きながら、ここが不夜城であることが分かってきた。と同時に、なぜ僕は、たいした計画も立てず、フランス語もできないくせに、無謀にもここに居るのかが段々分かりかけてきてもいた。そう、僕は単に独りになって、今やっている音楽のこととか、もっと言えば、なぜ音楽を演奏するのかということを、無意識のうちに、パリという街で考えたかったのではないのか。

前述の芸術家達の他にも、ニホン人では、金子光晴を筆頭に、辻潤、武林無想庵、彼の伴をした山本夏彦、皆、己の道を模索する為にパリを訪れている。しかも、揃いもそろって、皆デカダンの士である。そして全ての景観が、ユトリロであり、佐伯祐三だなんて、いったいここはどこだ？

暗くなってきたので、適当に選んだカフェに入った。

「ヴィン・ルージュ・シルヴプレ」

何でもいいから酒が飲みたかった。酒さえ飲めればあとはどうでもよくなっていた。

それから何日か、ろくに飯も喰わず、独りでぶつぶつ言いながら、パリの主だったところを歩き倒した。飯も喰わないのに、なぜかワイン一杯で元気が出て、その状態で考え込みながら滔々と歩き続け、そして最後に北駅裏の安ホテルにぶっ倒れたのが、パリに来てから十日後ぐらいのことであった。

ジャン・ルイからの連絡はまだなかった。食欲もなかった。部屋の外に出るのもイヤになった。なにもする元気もなくなった。

救いは、窓から垣間見られる空の色だけになった。曇りでも晴れでも関係なかった。空だけを見つめて、なにも考えられなくなって、ベッドに横たわりながら、茫洋としていた。どこにも繋がっていない自分が妙に愉快であると共に、独りであるということの厳しさと快楽を、同時に味わっていた。

そんな日が幾日か経った頃、やっとジャン・ルイからホテルへ連絡があった。とにかく、コルシカの親戚は帰ったから、連絡しろという内容のメッセージが、僕の元へ届いた。

4

セント・アントワン通りに面したジャン・ルイのアパルトメントは、窓の外に小さな公園を有した一角で、部屋中が、趣味のいいアール・ヌーボー調の家具でまとめられていた。

部屋の奥ではジェロームの母親、ジャクリーヌが、これまたアール・ヌーボーな雰囲気のカウチの上でリラックスしていた。ジェロームの母親にしてはとても若く見えた。ジェロームより更に漆黒の目を持った女性で、髪型が、メデューサのようだった。そしてその漆黒の目がとてつもなく強い意志をやどしている。僕をずっと見てまばたきもしない。

「アロー、イロ、ジェロームの友人ね。遠くからよく来たわ。私は英語、あまり上手くないけど、パリに居るのなら、フランス語を教えてあげるわ。まずここに座りなさい。リラックスして。今の私のように」

僕がカウチに腰掛け、部屋の内装を見回していると、何やらジャン・ルイとフランス語で話し始めた。パリは午後で、厚い雲がたれこめ、間接照明が、部屋の随所に置いてある見たこともないような種類の彫刻の影を、壁全体に映し出していた。向かいに見える建物の窓では、誰かが食事の準備をしているのがはっきりと見えた。

僕は、気分が少し憂鬱だった。十日も誰とも話さずに、パリの街を彷徨っていたので、無口にもなっていた。

しかも、友人の家族とはいえ、初めて会った、言葉もあまり通じない間柄で、会話がはずむ筈もない。何か言おうと僕も頭を巡らせたが、言葉が出なかった。いずれにせよ、異郷の地で、曇り空ばっかり見ていたら、少なくとも都々逸を唄う気にはなれまい。耳を澄ませてみると、ジャン・ルイとジャクリーヌの話している言葉は、フランス語のようであって、実はそうではないことに気付いた。二人の会話はコルシカ語だった。どこかイタリア語を想起させるその美しい言葉は、重くたれこめたパリの空には不似合いだった。床に敷いてある毛氈のカーペットも南欧風の色合いであり、パリの街には不釣り合いな色彩をしていた。

「イロ、ジャン・ルイはフォトグラファーなの。私はデザイナー。服も創るわ。あなた、ミュージシャン、皆芸術家ね。コルシカの親戚、昨日帰った。そう、あなたもコルシカンとして歓迎するわ。客間あるのよ」

ジャクリーヌに案内されて客間に通される。何だかミニサイズのトプカプ宮殿のようなアラブ式に飾り立てられた部屋で、無いのはハーレムだけ、といった様相を呈していた。

僕がその部屋で荷物をほどいていると、ジャクリーヌがシャンパンを持って現れた。

「息子の友達は私の友達。お祝いしましょう」

シャンパンが空きっ腹の体全体に染みわたった。

「ジャン・ルイと私、ワインよりシャンパン好きなの。イロは?」

「好きです。特にこれは美味しい」

お世辞ではなかった。そのシャンパンは、僕の憂鬱な気分をトロトロと解きほぐす、完璧なる液体に思えた。

「シャンパン、沢山ある。好きに飲んで……」

僕はジャン・ルイにもシャンパンを注ぎながら考えた。彼の言っていたベロニクという女性のことはどうなったのだろう。

食事というより、いろいろなツマミを肴にシャンパンを飲むような夕食と共に、ゆったりとした時間が流れていった。あらゆる種類のチーズ、ハム、フルーツ。

「イロ、ベロニク、女房の友達でピアニスト。ルームメート探している。一週間ぐらいここに居ろ。あと、ベロニク紹介する。ところで、パリは好きか」

ジャン・ルイがチーズをつまみながら、僕にシャンパンを注ぎつつ話しかけてきた。

「好きです。でもよく分からない。英語で上手く言えません。多分日本語でも上手く言えないでしょう。この街は何か、自分の内面を見つめさせるのに適した、何というか、分からない。少し答えるのに時間を下さい」

「イロ、オレはコルシカから来た。コルシカ太陽いっぱい、地下鉄ない。ジャクリーヌと初めてパリに来た、地下鉄に乗る、怖かった。恐ろしい。地下に行くなんて。地下は悪魔の居場所。今も嫌い。イロ、コルシカの太陽見せたい。空の色もこんなんじゃない。イロが今、どういう気分、分かる。オレもコルシカから来た。この曇りの空、今でも嫌い。パリに初めてくる人、中には頭がおかしくなる人いる。天候のせいだ。イロ、いま寂しいか」

「ジャン・ルイ、寂しいというより、何だかこの街は、魅惑的だけど、どこか変だ」

変だ、と言うのに、ストレンジという言葉を使った。ジャン・ルイ、ジャクリーヌとも大きく頷いた。彼らにとってもパリはまだストレンジな街なのかもしれないと思った。

シャンパンは尽きること無く台所から現れ出てくる。普通、シャンパンを飲むと頭がぐらつくものだが、その時の僕は、シャンパンをいくら飲んでも、心のどこかが冷静だった。同時に、それが自分でも嫌だった。その心情を、シャンパンとチーズで蕩けさせたいという欲求にかられていた。僕の空いたグラスに、ジャン・ルイが、又シャンパンをたっぷりと注ぎ込む。

「イロ、ここに居る間、美術館に行く、ルーブル、オルセー、沢山ある」

「地図で探して行ってみます」

「ベロニクにイロを引き渡すあいだ、イロ、家族だ。家族は、他人に言えないことを言える仲。忘れるな。イロ」

ジャン・ルイが静かに僕をハグした。彼の言葉に偽りはないと心底感じた。なんと親切な人達なのだろうか。

「メルシー」

「イロ、遠慮するな。おまえはミュージシャン。今パリに居る。悪いことない。自分のサウンド探したい。違うか？」

ジャン・ルイの言うとおりだった。十日間ばかり独りで考えていたことは、正しくそのことじゃなかったのだろうか。


二人がそろそろ寝るというので、僕もミニトプカプ宮殿に行こうとしたら、ジャン・ルイが台所からもう一本シャンパンを持って現れた。

「イロ、寝る前、一本飲め。よく寝られる」

確かにそのシャンパンを飲み干したら、今までの飲酒歴の中で最高度に値するほどの前後不覚となって、僕はベッドに倒れ込んだ。


翌日、午後に目覚めた。二人とも僕をほっといてくれていたのだろう。僕はベッドの中でうつらうつらしていた。ベッドに寝た状態から窓の外を見ると、向かい側の建物の屋根裏部屋しか見えなかった。何時かは分からなかったが、もう既にその屋根裏部屋には灯りがともっていた。その景色を見ているだけでまた少し憂鬱になってきたので、掛け布団を頭まで引き上げてもう少し寝ることにした。

5

次に気がついた時には、日付がすでに変わっていた。朝のようだった。

相変わらず曇りだったが、カフェオレの匂いがしてきたので、リヴィングルームに顔を出したら、ジャン・ルイとジャクリーヌが、丼鉢みたいなお碗に入ったカフェオレを飲みながら、クロワッソンを食べていた。

「ボンジュール」

「ボンジュール、イロ。朝飯はどうだい」

「いただきます」


軽い朝食を済ませてから、地図を片手に美術館めぐりをすることにした。

ルーブルには三日かけて通い、その後オルセーに行った。

いったいこのものすごい美の洪水は何だろう。人間というものは、ここまでの美を発展させることができるのかという深い感慨に耽らざるを得なかった。

この世にこれらの芸術がなかったらと考える恐怖よりも、なぜ僕は今までこれらの芸術に触れる機会がなかったのかという現実の方が恐怖だった。

ジャン・ルイの計らいで、ベロニクに会うのは明日になりそうなことが分かったのは、その日の夜だった。

6

パリの地下鉄、それも中心から少しはずれたミッシェル・ビゾ駅の階段を上がったところで、ベロニクは僕を待っていてくれた。

初対面だったし、互いに相手がどのぐらい英語が話せるか分からなかったからだろう、ベロニクも僕も最初は黙ったままだった。ベージュの、色あせたコートに、ゴッホの何かの絵で見た、オランダ人の農夫がかぶっているような妙なベレー帽のへりを神経質そうになでながら、空いた手の方で僕と握手した。指が細いなと思った。

「エロー、イロシ？　モナミー、あなたは新しいルームメイトになるのね。ジャン・ルイから聞いているわ」

「ボンジュール、マドモワゼル、ベロニク、英語が話せるみたいで助かりました。僕もフランス語を学びたいと思っているけどなかなかうまくならない。しばらく英語で話をしてもいいですか」

「ええ、あなたは大切な私のルームメイトよ。英語もいいけど、ことあるごとに、フランス語を教えてあげるわよ」


僕らは、一九九一年一月の冬のパリでこうして出会った。

ミッシェル・ビゾ駅から五分たらずのところに彼女のアパルトメントがあった。なんだか花の都パリにいるにもかかわらず、その近辺は、場外馬券場の裏のような場所だった。だが細い通りに面した彼女の「ヤサ」はやはり古く威厳があって、五階建ての三階部分の左側のドアが彼女の住処のようだ。その日も、空にはこれでもかというくらいの暗雲がたれこめていた。

ベロニクに伴われて、部屋の中に入った。まるで厠のような造りの小さなキッチン、その左横に六畳程度のリヴィング。そこにアップライトピアノが置かれていた。そのリヴィングを隔てて、ドアから入って廊下沿いの左側がベロニクの部屋。右側が僕の部屋らしい。

「ボン！」と言ってからベロニクは、狭いキッチンに行ってエスプレッソを二人分用意し、狭いリヴィングに運んできた。なんだかそのエスプレッソがとても美味しかった。

「さあ、イロシの部屋を案内するわ。リヴィングを挟んで私の部屋の反対側よ」

ベロニクの目が、さあ、早くあなたの部屋のドアを開けなさいよと催促しているようだったので、僕の部屋となるであろう、そのホコリっぽいドアを開けたら、その部屋は、ベロニクの物置部屋であることが一目で分かった。

少なくともベッドは置いてあったが、その他はゴミとがらくたでいっぱいであった。しかも、窓の半分は割れていて、北風なんだかどこから吹いてくる風なんだか、もの凄く冷たい風が、部屋の中に吹きつけてくる。寒いことこの上ない。

「ベロニク、あのう、ルームメートを君が募集していたとジャン・ルイから聞いてここに来たんですが、この部屋は、はっきり言って人の住むところには見えないよ。肺炎になっちゃうよ」

「ウエール、だから家賃が安いんだわ。たった二千フランよ。贅沢を言いなさんな。

ミュージシャンには、パリの街に住めない人も多いのよ。私はパリ・コンセルヴァトワールでピアノを教えているのよ。それでも私がパリ市内に住もうと思ったら、これが限界なの」

と言われても、バリバリに割れた窓もさることながら、ベッドの上のマットレスも、中のウレタンがはみ出しているような代物だ。僕は少し憤慨した。

「ベロニク、この状態で家賃をとるというのは法外だ。分かった。僕が、君の家の家事を全部やるというのではどうかな。掃除、洗濯、朝食、夕食の用意まで。もちろん君が学校で教えている間は、君のピアノで練習することもあるかもしれないけれど。どうかな。条件は悪くないと思うんだ。お手伝いさんを雇ったというつもりになって、ここに僕をタダで住ませてもらえないでしょうか」

ベロニクの顔は、よく見ると、西洋人にしては珍しい、少し斜視の入ったつり目で、僕がアメリカ仕込みの交渉をしているというのに、ただ単につり目なんだか、何かを考えているからつり目なのか、察しのつかない表情を浮かべていた。そしてこう言った。

「オッケ、あなたを一週間、私のサーヴァントとして試しに使ってみるわ。それで私が気に入って合格なら、あなたから家賃を取らない。だけど、どこか私の気に入らないことがあって、なおらなかったら、家賃を取るわよ。この条件でどう」

僕は黙って頷いた。この話をしている間にも、バリバリにやぶれた窓から内陸部特有の風が吹き込んでくる。

「ベロニク、段ボールはどこかにあるかな。とにかくあの窓の応急処置をしたい」

ベロニクが返事をしないので彼女の方に振り返ったら、彼女の顔が真ん前にあって、僕の目を覗き込んでいた。その時、ベロニクの目がとてもきれいで透明なグリーンであることに初めて気がついてはっとした。斜視に見えたのは、彼女の瞳が、僕が見たこともないような綺麗な緑の輝きを外界の光と共に反射させているせいであった。

ベロニクに教わったゴミ捨て場から段ボールを拾ってきて窓を塞ぎ、その晩は、コートを着たままベッドに横になった。

湾岸戦争が始まろうとしていた。

7

ベロニクとの生活が始まってみると、僕が下男で、彼女が女王様という構図が、正確なデッサンのような輪郭で、僕の身のまわりを即座に包み込んだ。

「いいこと、今日はパリ・コンセルヴァトワールに教えに行く日。ピアノは自由に弾いてもいいけど部屋の掃除、洗濯、かたづけ、全部まかしたわよ。前にも言ったように、一週間の猶予をあなたにあげるわ。そこであたしが判断して、ダメだと思ったら、あなたはタダのルームメートに逆戻り。オッケ?」

彼女が僕に何かしらの指示を出すとき、彼女のつり目はおっかない光を放ち、有無を言わさぬ人差し指光線のようなものがそこにはあった。

しかし、どう説明していいのか、ベロニクの性格の中で、とても抜けている部分、つまり、気分屋とおっちょこちょいがない混ぜになっているような部分が、その同じつり目の端に見て取れた。

これはまだつけいる余裕があるなと、僕は思った。どうあれ、どのように掃除洗濯しようと、彼女が気に入らなければそれまでの話だ。それならば、彼女の予想を上回るしかない。

先ず、マーケットに洗剤類を買いに行った。こうなったら徹底的にベロニクのアパルトメントをピカピカにしてやろうという気もどこかにあった。気軽に立ち寄ったマーケットだったが、掃除用具、洗剤その他見たこともない物ばかりだ。しかも当然ラベルはフランス語で書いてあるから、その用途が分からない。洗剤のボトルの挿絵に、トイレや床、窓などの絵の描いてある物だけをとにかく買い込み、部屋に戻り大掃除を始めた。

掃除を始めてしばらく経って、なぜベロニクが僕に掃除を命じたかが分かってきた。各部屋、各窓、床、それに古い家具類はすごいホコリで一杯だった。僕はこれでもかと、彼女の住まいの細かいところを逐一ピカピカにしていった。部屋の角やベッドの下に、ものすごい量のホコリが固まっていたが、これは却って掃除のしがいがあった。視覚的にもベロニクに良い効果を生むだろう。

ふと、窓からパリの景色が目に入った。

古い甍の波の上に、低い雲がゆっくりと動いていた。各アパルトメントの屋根には煙突があり、そこから細い煙が出ていた。インフラという側面からパリという街を眺めてみれば、意外と進んでいないことが分かった。しかしその見返りとしてのこの情緒溢れる風景はいったいどこまで美しいのだろうか。

しばらく、観光地でもないパリの街並みの美しさを呆然と眺めることにした。この眺めは、観光客では楽しめまいと悦に入っていたら、肌寒くなってはたと我に返り、掃除を再開した。


整理できそうな物は整理して、各場所を、買ってきたモップで拭いていった。

古く、重そうなセミダブルベッドに、何年も洗濯していないような、黄色い刺繍が施されたベッドカヴァーがかけてあった。脇の小さなテーブルには、溶けたロウソクでどろどろの燭台、洗われていないコップ類、ホコリをかぶったイヤリングの類がばらまかれている。僕はそれらを慎重にどけながら、机や古い洋服棚の上などをきれいに拭いていった。

昼頃を過ぎると、ベロニクの部屋は、見違えるようになっていた。さあ、今度は台所の番だ。何件か電話があったが無視をした。掃除も一段落して、僕の着ているものも汚れてきたので着替え、ベロニクのものもまとめて、コインランドリーで洗おうと外に出た。時間は既に三時を過ぎていた。

コインランドリーなど、街角をうろついていれば自然に見つかるものだと思って、犬のフンをよけながら歩道を歩いていたらすぐに見つかった。

さてそれからが大変だった。コインランドリーの使い方は全てフランス語で書いてある。使い方など皆目見当がつかなかった。粉石鹸を自動販売機から買うところまではうまくいった。後は、宇宙人が住んでいる惑星にたどり着き、どういうわけかコインランドリーにて洗濯しなければならないハメに陥った自分を想像しながら、先に進むしかない。

しかし、しばらくすると、乳母車のようなものを押して、老婆がよろよろとコインランドリーに入ってきた。

しめたとばかりに、そっと彼女の手順を盗み見る。あそこにコインを入れて、あのボタンを押して、あのレバーを引き、あの場所に粉石鹸を入れて、スイッチオン。

なるほど。僕もその老婆がやったとおりの手順で洗濯機を操作した。

目の前でぐるぐる回る自分の服やベロニクのブラジャー、パンティーをぼーっと見つめながら、今晩から、ジャズセッションをやっているクラブに顔を出すことに決めた。もうあれこれ悩んでいる暇はない。パリに来た理由を厳密に説明せよと言われても、それは無理である。体が勝手にそう動いただけだ。いろいろな人の助けによって、ピアノのある部屋を共同で使えることにもなったのだ。これを更に発展させずにパリを離れてしまえば、きっと後悔しか残らないだろう。ぐるぐる回るベロニクのパンティーを見つめながら、僕はそんなことを考えていた。


アパルトメントに戻り、見違えるようにきれいになった部屋を見渡してから、僕は彼女のアップライトピアノの蓋を開けてみた。掃除の時にピアノの裏にたまったホコリを取ったりしたが、どうしてか、アップライトのピアノの蓋を開けるのは、今回がはじめてだ。

思ったとおり、どこかの中古屋で買ったとしか思えない、白鍵の黄ばんだ古い楽器だった。ただ、そのアップライトピアノはプレイエルというフランスのピアノ製作所のもので、ピアニストの僕でさえそれまで二度しか触ったことのない珍しいものだった。高音部に独特の暖かい音色を持つよいピアノである。

しばらくの間弾いていなかったピアノの鍵盤を見つめていて、今まで覚えてきたこと、練習したことが、全く過去のものになってしまっていることに気付くのにそう時間はかからなかった。とにかく、パリに居るのだから、この感覚を有意義な気付きとして、自分の新たなる側面の発見にする、というふうに発想をねじ伏せるしかない。曲を書くのがその早道だと瞬間的に思い当たったが、その時の僕は、すぐに良い曲想が浮かんでくる状態からはほど遠かった。

先ず指の練習をして、ずっとピアノを弾いていないことの埋め合わせをすることにした。曲を書くより、機械的指の練習に集中できて、ベロニクが帰ってくるまでに、いろいろな奏法の練習に没頭できた。

小一時間も経った頃だったろうか、ドアのブザーの音がした。最初は無視して練習していたが、ブザーが鳴り止まないので、やむなく玄関の内側に立ち、「Who is it?」と問いかけると、ドアの向こうから、早口の女性のフランス語が聞こえてきた。

ドアを開けてみると、そこにはやはり、中年のあまり背の高くないマダムが立っていた。金髪に赤いベレー帽をかぶり、教育ママみたいな、とんがった赤い眼鏡をかけ、ステキなコートに身を包んでいた。子犬がキャンキャン吠えながら、彼女の足下をぐるぐると走り回っている。

彼女は僕を見ると、一瞬ひるんだような表情になったが、またペラペラとフランス語でまくし立て始めた。「ジュネセパ・パルレ・フランセイズ」と彼女に向かって言うと、なにやらピアノを弾くまねをやらかし始め、そのあと耳を押さえて、またフランス語をまくし立て始めた。

こうなったらしょうがない。今度は僕が日本語でまくし立てる番だった。こういう緊急の場合、何語であろうが、母国語で心を込めて話した方が、なぜか意味が通じることを、アメリカ生活で学んでいた。

「マダム、ボンジュール、あなた様もここにピアニストが住んでることぐらいご存知でしょう。ピアノの音の苦情に関してはベロニクと相談して頂けないでしょうか。ベロニクとのご近所付き合いはございませんか？　そのことに関して、基本的にワタクシの知ったこっちゃございませんのです。はい。マダムがなんとおっしゃろうが、ワタクシはここでピアノを弾きます。お分かり頂けますか。夜遅くまで弾くワケではございません。大目に見て下さい。お分かりになりましたか！」

そう言い捨てて、ドアをバタンと閉めて、またピアノを弾き始めた。

8

日を追うにつれ、僕のベロニクに対する「身分」のようなものが、サーヴァント、お手伝い、下男、奴隷というふうになっていくのを感じながら、ベロニクと暮らしはじめて十日程経った夜半、自らの「身分」の行く末を思いながら、アスパラベーコン巻きのようなものをつくりつつベロニクの帰宅を待つ。帰ってきた彼女に、パンを添えてその料理を出した。ベロニクは一言「ボン！」と言ってナイフとフォークを巧みに操りながら僕の作った料理を食べ始めた。

「イロ、とても美味しいわ。この料理、フランスの北の方の家庭料理よね。どうしてこんな料理の調理のしかたを知っているの」

「料理の本を買って、それを見てつくってみたんだ」

「あなた、フランス語読めるの？」

「読めないけど、大きな写真入りの本を選んだんだ。調味料もわからなかったけど、同じ綴りのものをマーケットで探せば見つかるから」

ベロニクは、また例の、ぼんやりしているのか、何かを思考しているのか定かでない細い目で僕を見つめた。コイツ、やるじゃないの、というよりも、僕をどこか油断ならない奴と思っているような、そんな目つきだ。ただ料理はおいしいらしく、ちぎったパンをソースに浸しながら、きれいに全部食べてしまった。

「イロはどこで料理を覚えたの」

「ボストンで。中華の食材が安いから中華料理ばかりつくっていたんだ。チャイナタウンのレストランが食材を買うマーケットを探し当てて、そこで結構本格的なソースを買い集めたりしていたんだ」

「そうだイロ、今度私に中華料理をつくってよ。中華料理と日本料理ってあまり違わないんでしょ」

「全く違うものだよ」

「あら、両方ともチョップスティックを使うわ」

「フランス料理もドイツ料理もナイフとフォークを使うよね。だけど同じもの？」

「全く違うわ。ドイツ人はソーセージとポテトしか食べないのよ」

「同じことさ」

「イロ、じゃあチャイニーズでいいわ。明日つくってよ。だめ？」

「うーん、いいけど材料を売っているところを知らない」

「あたしが教えてあげるわ」

妙にベロニクは乗り気だった。僕はといえば、余計なことをしゃべってしまったことを後悔していた。中華料理が作れるなんて言わなければ良かった。更に言えば、ワザとまずい夕食を作れば、夕食当番からはずれることができたかもしれなかったのに。

「はい、これがチャイナタウンのある地下鉄の駅名と地図。明日の夜が楽しみだわ」

急にベロニクはご機嫌になって、古いレコードプレーヤーにイヴ・モンタンのレコードをかけて、歌い始めた。

「ベロニク、ワインでも買ってこようか。ボトルがもうカラだ」

「赤にして。銘柄は何でもいい」

僕は角の酒屋まで走っていって一番安い赤ワインを手に入れ、ベロニクの部屋に入り栓を抜く。

「ベロニク、エディット・ピアフのレコードは持ってない？」

「あるわよ」

「聴かせてくれない？」

「あなた、ピアフを知ってるの？」

「僕を人間として救ってくれた歌を歌った人だ。お願い。聴かせてくれないか？」

ベロニクは黙ってピアフのレコードをかけてくれた。曲は「私の回転木馬」だった。僕はその曲を聴きながら、自分が拭いた窓越しに、パリの街並を眺めた。

ああ、こんな瞬間が来るなんて、シャンソンを夢中で聴いていた中学生の時には夢にも思わなかった。

ピアフの歌声と共に、今までの疲れがどっと身体から噴き出すような気がして、僕は安い赤ワインをあおった。ベロニクも普段よりは飲んでいる。だが、しばらくするとベロニクがささやくように僕に言った。

「イロ、寝る時間よ」

この暖かい部屋から、極寒の隣の部屋へ、エディット・ピアフの音楽無しに移動することは辛かったが、やむをえまい。

「ボンニュイ、ベロニク」

言い残すや僕の住処、物置部屋に入った。思ったとおり寒かった。セーターを着て、その上に例のコートを着て、あらゆる布地を体中に巻き、明日に備えた。

翌朝、クロワッソンを買いに行き、部屋を掃除した後、渡された地図を見ながら、チャイナタウンへと赴いた。地図には、十二区のミッシェル・ビゾ駅からベルヴィルまでの行き方が記してあった。エディット・ピアフの生まれた場所だ。

まず乗換駅であるナシオン広場まで歩いた。自分の住んでいる周りに何が有るか知りたかったからだ。ナシオン駅からベルヴィルまでは地下鉄一本で行ける。

ベルヴィル駅の近辺をうろうろしていたら、最初は気付かなかったが、フランス人の割合が低く、ヴェトナム人とか中国人が沢山居て、ボストンのチャイナタウンと同じすえた匂いが周りにたちこめていた。零下一～二度の気温ですえた匂いがするということは相当な歴史があるなと思いつつ、手近なマーケットに入る。

裏の道筋は、アメリカで養った危険地帯を見分ける赤信号が点滅したので、表通りのそのマーケットのみ使うこととした。そこには、冷凍の餃子、ゴボウ、モヤシ、醤油、中華ソースなど何でも売っていたが、奥の方に行くと、ヴェトナム料理の材料も沢山あって、どうもここら辺は、中国人とヴェトナム人の移民の街のようだった。実際マルちゃんの醤油ラーメンゴマダレ付きが、オカモチを持った小僧のパッケージは同じだが、ヴェトナム語らしき文字とともに売られている。値段も安い。まずオイスターソース、それと海老のソース、醤油、ごま油、ゴボウ、モヤシ、インスタントラーメンなどを買い求め、しょうがないから中華鍋も一つ買った。肉類はミッシェル・ビゾ駅の近くで買い込み、中華風野菜炒めをつくることにした。

ベルヴィルに遠出したおかげで、その日はピアノの練習ができなかった。しかし、一週間ほど中華で何かをつくれる材料を買い込んでおいたので、もしまたベロニクに催促されても、ベルヴィルに行くのは、少なくとも一週間先でも良い。野菜を切り、肉を塩とコショウでもんでから、昨日の残りのワインをラッパ飲みしていたら、ベロニクが帰ってきた。待ってましたといわんばかりに、まず火力を最大にし、鍋から煙が立つのを待ち、ごま油を入れ、肉を入れ、火が通ったところで野菜を炒めて、適当にオイスターソース、塩コショウを入れ、インチキの野菜炒めを作ったのだが、これにベロニクは目の色を変えてかぶりついた。合わない筈のフランスパンでタレをすくいながら、あっという間に平らげた。

「ウ～ララー、なんて美味しいんでしょ。イロ、あなた料理上手いわ。又キュイジーヌ・シノワーゼ料理してくれる？」

「いいけどさ、ベロニク、僕もそろそろパリでセッションをやりたくなってきたんだ。ピアノを弾きたいんだよ。ベロニクの言った朝のクロワッソンとか、掃除はやるから、お願いだ。夕ご飯を調理した後、僕を自由にしてくれないか」

「いいわよ。でも焼きたてのクロワッソンのことは忘れないで」

「ＯＫ、それで相談なんだけど、パリでセッションしているジャズクラブ、どこか知っている？」

「デュク・デ・ロンバール。シャトレ・レ・アル駅の近く。あそこでジャズのセッションしている筈よ」

「駅名を紙に書いてくれるかな。僕これから行ってもいい？」

「朝のクロワッソンを忘れないならね」

「何度も言わなくても分かっているよ．行かせておくれよ、ベロニク。早く地図を書いて」

9

その晩、ベロニクの地図の示すとおり、ミッシェル・ビゾ駅から、バスティーユまで行き、その後の乗り換えが複雑だったので、歩いてクラブまで行くことにした。

地図に記してあるサン・マルタン通りは、ミッシェル・ビゾ駅近辺よりも栄えた地域で、音楽を抜きにして考えれば寄りたい店がいっぱいあったが、とにかくデュク・デ・ロンバールに行くことにした。店内は、落ちついた調度品で埋め尽くされ、一見普通のバーに見えたが、ピアノとドラムセットが置いてあるので、ちょっと様子が他の店とは違って見えた。

僕が行った時間は、名も知らぬピアノトリオが演奏していて、飲みものプラスチャージを支払うと中に入れた。バーカウンターのミュージシャン風の男に、今晩セッションがあるかと聞いてみたら、分からないという。それでおとなしく、今演奏中のピアノトリオの演奏を聴くことにした。すごく指が動くピアニストで、ベースのソロの間に入れるハーモニーも斬新だった。とにかく僕より上手いことは確かだ。ボストンの音楽学校では聴かないサウンドだった。それが僕を興奮させた。

午前零時頃、演奏が終わるや否や、セッションに参加すべく楽器を担いだものどもが現れ出てきた。パリは名実共に、夜の街なのだと思った。今晩演奏していたピアノトリオのピアニストに、どうやってセッションに参加できるか聞いてみた。我々のトリオが三曲やったら、ピアニストを交代するということであった。三十分程のブレークの後、セッションが始まった。今晩出演していたピアノトリオがセッションリーダーとなって、トランペットやら、サックスの伴奏に終始する。三曲終わったので僕の出番かと思ったら、休憩になってしまった。

件のピアニストに事情の説明を求めたら、何だ、おまえまだ居るのかという顔をされた。しかもこちらが英語で質問すると、フランス語で返答する。つまり英語は分かるのに、わざとフランス語を使っているようだった。ここはジャズクラブじゃないのか、と反撃したかったが、フランス語を上手くしゃべれないという引け目もあったので、とにかく次のセットで何曲か弾かせてくれと懇願し、席に戻った。

夜中過ぎまで、ずっと待っていたら、ピアニストが疲れたのか、おまえ弾いてみろということになった。僕も日中の掃除などで眠かったが、ここで退散しては面白くない。ピアノの椅子に座った。サックスの奴が、譜面も無しにメロディーを吹き出した。幸い知っている曲だったので、僕も全力で伴奏し、ソロも長めに弾いてみた。クセのあるピアノだったが、調律は万全。だが久しぶりのセッションに、付いて行くのがやっとだった。

二曲目もこのメンバーでやろうということになったとき、いきなりずかずかとアコーディオン奏者が参加してきた。またサックス奏者が何となくオブリガードを吹いた後、僕の知っているスタンダードを演奏し始めた。暗くてよく見えなかったが、件のアコーディオン奏者も演奏に加わる。その彼の音楽がものすごかった。テーマを演奏しているうちから、絶妙なオブリガードを入れ、サックスのソロとなっても、そのサックスのメロディーとまるで会話しているようなフレーズを挟んでくる。こういう成り行きとなると、ピアニストとしては伴奏していることが、ものすごく楽しくなってくる。ああ、いいなあと思っていたら、演奏は意外な程あっけなく終わってしまった。

進行役のピアニストがまた弾きたいということになり、僕はピアノの椅子から降りた。もうちょっと弾きたかったが、アコーディオニストのプレイを客観的に聴きたくもあったので、ちょうど良かった。次の曲が始まると、そのアコーディオニストは、出しゃばるでもなく、ピアノトリオとサックスのかなでる音楽を、自らの楽器から発する滑らかなメロディーによって包み込むような演奏をした。自分のソロが廻ってくると、全然違う調性などを織り込みながら、非常に斬新な、それでいて音楽的な切り口で、何コーラスも歌い上げた。テーマに戻り、その曲が終わった時、アコーディオニストのソロがあまりにも長かったので、一旦休憩ということになった。

僕は、どんな素性の者がアコーディオンを弾いてるのだろうと思って、その男に近付いていった。

「ヘロー、共演できて嬉しいよ。僕ヒロシというんだ。ニホン人なんだ」

「ヘイ、サウンドナイスだったぜ」

そのアコーディオニストは、その音楽に引けを取らないような、個性的な出で立ちをしていた。ぼさぼさの長い巻き毛、小鳥のように細い小さな目、牛のように尖った鼻、への字に垂れ下がった、真っ赤な唇。しかも彼は斜視だった。服装は、何日も着古したようなしわのよったスーツを着ていた。僕は、どこを見ているのか分からないその中間点を模索しながら彼の顔を覗き込み、言葉を続けた。

「君のアコーディオンは素晴らしいね。僕が今まで聴いたことがないサウンドがする。パリに住んで長いの」

「ヘーイ、こう見えてもパリで生まれて育ったんだ。名前はヴィドフスキ・ラーシュローというんだが、つまりハンガリー系さ。お爺ちゃんの代からパリにいるんだ」

「失礼、ヴィド、何だって？」

「ハハ、みんな僕の名前を覚えられないんだ」斜視で細い目を更に細くして彼は笑った。彼の名前も呼びにくいし、僕は勝手にハンガリーとパリをくっつけて、ハンパリというあだ名を彼に付けた。

「君のこと、これからハンパリって呼んでいいかい？」

「何だよそのハンパリって」

「日本語でグレートっていう意味さ」

「何だ、君は中国人じゃないのか。ニホン人か」

「さっきそう言っただろう。もう一度言うよ。名前はヒロシ、ヒロって呼んでくれよ」

「OK、イロ、パリで何やってるんだ」

「パリのジャズがどうなってるか知りたかったからここに来てみたんだ」

彼は他のフランス人とは違い、英語で快く僕と会話をしてくれた。パリジャンと言ってはいるが、彼の心のどこかにまだ異邦人の気質が残ってるのかもしれない。それとこの面相と出で立ち、どこから見てもパリジャンには見えなかった。

「何だって、ニホン人がパリのジャズを知りたいだって」

僕はかいつまんで今までのことを彼に説明した。アメリカの音楽学校の学生であること、スイスツアーで多少金がもらえたので、一気にパリに来てしまったこと。ベロニクのアパルトメントで半奴隷状態であること。その他諸々。

「イエイ！　君は顔の表情はあんまりないけど、クレージーな奴だね」

「ハンパリの音楽も、相当イカしていてクレージーだぜ」

「それ、褒めてんのか」

「ああ、悪く取らないでくれ。褒めてるんだよ」

「フランス人は、君のようにストレートに人を褒めないんだ。よくここにもセッションに来るんだけど、友達ができたためしがない」

僕は言葉に詰まって、改めて彼の顔を見つめた。コーカソイドとしては相当醜い部類に入るその顔に、斜視。だいたいこの場で、半ちくな僕の相手をしているということからして、彼は孤独そうだった。

「なあ、もう二、三曲、一緒にやらないか」

彼は黙ってカウンターの方に行き、僕が再度セッションに交われるよう、交渉してくれることになった。

「イロのピアノを聴いて、あいつら安心したみたいだぜ。変な東洋人がいきなりピアノ弾かせてくれってこの店に来ても、なかなか難しいよな。オレみたいなパリジャンでも最初はそうだったんだから」

ハンパリには悪いと思ったが、このご面相で、アコーディオンを弾かせてくれと言われても、僕とは違った意味で警戒されてあたりまえじゃないかと思った。

「さあ、何やろうか。そうだ。トゥーツ・シールマンスの『ブルーゼット』やろう」

『ブルーゼット』とは、ジャズハーモニカ奏者、トゥーツ・シールマンスの作曲した有名な曲で僕も知っていたから、すぐにセッションに参加できた。フランス人アンチャンのベースとドラム、さっきまでピアノトリオで演奏していた奴らだ。そのピアニストは既に、バーカウンターでメートルを上げていた。

ハンパリがアコーディオンを背負ってピアノの前の椅子に座る。座るや否や、素晴らしいイントロを弾きだした。鍵盤を縦横無尽に指そのものが駆け回り、さながら『ブルーゼット』という曲自体の骨組みを解体するような、ものすごいコードチェンジとフレージングによって、ハンパリは、曲が始まったら盛り上がらざるを得ない頂点まで僕の聴覚を刺激してから、テーマに入った。

またそのテーマのフェイクのしかたがオツだった。アコーディオン独特の滑るようなフレージングに、メロディー自体が既に彩られており、ソロに入るとハンパリの才能が爆発した。あまりにもアメージングで創造的なフレーズを弾くので、僕は伴奏をやめてしまった。

しばらくしたらピアノソロが廻ってきた。僕もなるべくメロディアスにアプローチしたが、アコーディオンが持つ呼吸のような間が取れなくて、一瞬もたついた。ピアノは空気で音を出しているわけではないが、無意識的につい彼のマネをしたくなる。僕のソロも、ハンパリと同じように長いものとなってしまった。

僕のソロが終わると見るや、ハンパリはまたテーマを弾きだす。これがまた最初のテーマと全然違うアイデアに彩られており、伴奏していていろんなハーモニーが頭に浮かんでくるような代物だった。

演奏し終わると、デューク・デ・ロンバールの店員が、もう今晩はおしまいだ、というようなことを言った。フランス語は分からずとも、ジャズクラブで何が起きているかということは不思議と子細に感知することができて、我ながらおかしかった。時間は午前三時を過ぎていた。皆、楽器をかたづけ始める。ハンパリも、アコーディオンをケースに入れてそれを重そうに持って立ち上がった。

「ハンパリ、明日もここに来る?」

「ああそのつもりだ」

「僕も必ず来るよ、また一緒に演奏したい」

「OK、ボンニュイ」

10

明朝、疲れた身体にバネを利かせて、クロワッソンを買いに行く。アパルトメントにとって帰り、ベロニクと一緒に朝食をとっていると、彼女は窓の外を見ながら僕の顔を一顧だにせず、「イロ、そこの洋服、クリーニングに出してくれない? そしてこっちの洋服は洗濯して欲しいの」

余計な用事がまた増える予兆だ。

「もう十日以上経ったんだから、僕から家賃を取るか、ベロニクの下男でいる方が良いのか、はっきり言ってくれないかな」

「イロはよく働くわ。できたらこの関係を私はこわしたくない」

「いろいろと面倒を見るのはいいけど、夕方の練習時間と、夜クラブにセッションに行くことだけは許してもらえないかな」

「ウエー、ダコー、それはあなた次第よ」

ベロニクはそう言って、着替えをし、コンセルヴァトワールへと向かう。早くいなくなれと思っていたら、ドア口からこんな声が響いてきた。

「掃除もしといてね。お願いするわ」

実際、僕の頭の中には、ハンパリのアコーディオンのサウンドしか聴こえていなかった。あのイメージを、早くピアノで再現したいと思ったが、まずは奴隷としての儀式をいくつかこなさなければならない。最初にベロニクの沢山のコート類をクリーニング屋に持っていった。重かった。出来上がりの日を聞くのも大切なので、紙片に曜日を書いてもらう。

その後、他の衣類を洗濯する為に、無人のコインランドリーに行く。ここはもう何度か訪れており、件の老婆の手順を真似することで機械の操作は分かっていた。一時間あまり、ベロニクのシャツやらパンティー、ブラジャーがぐるぐる廻っている様を凝視することとなる。

洗濯が終わると、部屋の片付けをして、雑巾でそこいらを拭いて、ホコリっぽい印象を消し去る。返す刀で夕飯の買い出しに行き、今日はパスタでいいだろうとイタリアの食材を買ってきて、ベロニクが帰ってきたらすぐ準備できるように整えた。

そこまでやるのに、午後四時ぐらいまでかかる。言葉の通じない都市の中で、僕は奮闘していたのだ。

夕飯時、ベロニクが帰ってくる。トマトとベーコンのパスタを出したら、これまた嬉しそうに、もっとないのと聞かれた。これは、家賃を払わずパリに居るという条件を満たした喜ばしいリクエストとも取れるし、ベロニクが更に増長して、料理にせよ何にせよ、僕にこれまで以上の家事を押し付けてくる予兆でもあると思った。とにかくハンパリと一緒に演奏したい。夜中だけは少なくとも自由にさせてくれよな、という思いで、僕の心は一杯だった。

デュク・デ・ロンバール二日目。十一時くらいの時間に行ってみると、その夜は、違うグループが演奏していた。メンツが昨夜と違う。ピアニストは六十過ぎの渋めの小父さんで、クァルテットでビー・バップを演奏していた。

考えてみれば、マイルス・デイヴィスもこの地で演奏し、『死刑台のエレヴェーター』の音楽を担当したのであり、ミッシェル・ルグランとも懇意だったことは有名である。ジャズピアニスト、バド・パウエルも晩年、パリに住み着いていたから、その影響もあるのだろう。聴き憶えのあるビー・バップの曲を聴いていたら、大袈裟かもしれないが、東京にはこういう伝統に根ざした音楽が無いような気がしてしょうがなかった。しかし、今晩の小父さん達は、流れるようなビー・バップチューンを、力を抜いて、まったく自然に演奏している。こんなこと、アメリカの学校に居ては知る由もない。

そうこうするうちに、ハンパリがクラブに入ってきた。お互いの挨拶が終わったあと、ハンパリは、僕の肩に手をかけて、「おまえ、今晩来ないと思ってた」と言った。

「ハンパリ、僕は君と共演したくて今晩もここに来たんだぞ」と言いかえしたら、無言でアコーディオンのケースを開け、まだセッションの時間でもないのに、その小父さんビー・バップグループに、ハンパリなりの切り口で、演奏に絡み始め、最終的には、そのビー・バップグループの音楽的根幹を揺るがす演奏をして、何だか彼らの演奏そのものを全て乗っ取ってしまったのだ。ハンパリの音楽的絡み方はそれ程徹底していた。ビー・バップの演奏を包み込むようなハーモニーを出しつつ、そのハーモニーの中では、どんな自由な演奏をしてもOKな音楽性を持っていた。

しかし、そのビー・バップのグループは、ハンパリが突然演奏に絡んできたことにいい顔をしていなかった。

ともかく、それが最後の曲だったのだろう。演奏者皆お辞儀をしてステージから降りた。何となくではあるが、最後の曲に急に絡んできたハンパリには、お客さんの反応も少なかった。こういうところで、ハンパリは、クラブからずっとよそ者扱いされているんじゃないかと僕は思った。才能があったって、クラブや、共演者に好かれなければどうしようもない。

その晩のアフターアワーズのセッションは、件のビー・バップサウンドが色濃いドラムとベースとやることとなった。双方フランス人だが、歳を聞くと六十代で、少し怖じけづいた。僕のソロに、ハンパリが、絶妙なオブリガードを入れてくる。ハンパリは音楽のジャンルにかかわらず、今起こっているサウンドに対して、如何に音楽的でいるべきかということに対する本能のようなものを持ち合わせているとしか思えなかった。

実際、ハンパリのソロになると、少しオールドファッションなリズム隊におかまいなしで、一拍一拍の間を自由にメロディが飛翔するように展開した。僕は、こんな方法もあったのかとただただびっくりするだけで、伴奏を再び止めてしまった。ハンパリのソロは、止まるところを知らず、曲がビー・バップであれなんであれ、その音楽のスタイルを超え、如何にハンパリの個性をその曲の中で生かせるかということに集中しているような、高い音楽性を感じるものだった。

欧米では、それが個性と認められ、ミュージシャンに多大なチャンスが巡ってくるというのが、僕の先入観だったが、ハンパリの周りの人は、そういうことに無頓着に思われた。デビューするのには、容姿も大切な部分であるが、ハンパリには、そういう要素が皆無でもあった。ハンパリは、音楽へのアプローチはずば抜けていたが、参加の仕方がまるでダメなのである。

ともあれ、ハンパリの口利きでデュク・デ・ロンバールに毎夜行けるようになり、僕の一日の流れが決まった。朝はクロワッソンを買い、そのあと掃除、洗濯、窓ふきをして、フランスパンをかじりながら練習に興じる。その後、ベロニクの夕食の準備をし、デュク・デ・ロンバールに行く。

地下鉄に乗るのにも、ほんのりとした異国情緒があった。昔の日比谷線のような古い造りの車体が主で、通路やトンネルにも退廃とした雰囲気が感じられ、僕はそこが好きだった。シャトレ・レ・アル駅に着く頃には、自分の中で、自然と気分が盛り上がるような雰囲気が、行きの地下鉄の中に封じ込められていた。

11

三日目の晩、デュク・デ・ロンバールに入っていくと、オーナーらしき人物に、おまえ、また来たのか、といった表情で苦笑いされた。いい機会だと思って改めて挨拶をした。

「ジュマペール・ヒロシ。ジュスイジャポネー。ジュブドレ・セッション・アベック・

ミュージシャーン・デュク・デ・ロンバール、グレートプレースね。アイライクディィスプレィス」

滅茶苦茶なフランス語と、英語のチャンポンで語りかけると、そのオーナー、きついフランス語訛の英語をしゃべってくれた。

「どこから来たんだい？」

「トウキョウ」

本当はボストンからと言いたかったが、このオーナー、ジャズをシステマティックに教える学校というものをものすごく嫌っているように感じられたので、あえてその点は省いたのだった。

「ジャポネのピアニストとは面白い。今晩セッションリーダーはいないから、ピアノを担当してくれるかい？」

「メルシー、喜んで」

その晩のセッションには、サックス奏者やトランペッターが数多く現れ、夜が更けるまで、いろいろな曲を演奏した。五、六曲演奏して、インターミッションのような状態になり、セッションに参加したミュージシャンと、片言のフランス語をしゃべっていると、ハンパリがやってきた。彼がやってくると、何故か皆口をつぐんだ。

ハンパリは挨拶もせずに、ケースからアコーディオンを取り出し、ソロで弾き始めた。とてもとても自由なソロを弾いてから、段々イントロらしいものを演奏して、メロディーを弾きだした。

イントロを聴いただけで曲は分かった。ソニー・ロリンズの名曲、『エアジン』だ。この曲は、テンポが速い上に、コード進行が少し複雑で、『エアジン』をやり慣れていないと、なかなかセッションの輪に入れない。しばらくして、ベースとドラムが立ち上がり、ハンパリの演奏に加わった。僕もその時点でピアノの椅子に座る。インターミッションでうたうだしていたサックス奏者が、さっとソロの途中から加わってきた。ものすごく上手い。

その緊張したセッションの中で、ハンパリの、音楽自体を斜めに切り裂くようなオブリガードが炸裂する。それがまた絶妙で、ソロをとっているサックスよりも目立ったものになってしまう。その晩店にいた管楽器奏者が全員ソロをとった。僕は伴奏することに少し疲れてきていたが、あれよあれよという間に自分のソロの出番となった。最初は音数少なく、コード進行に対して、カウンターポイント的な、つまり第二のメロディーを探るような演奏をし、それから段々指を早く動かして、曲のテンポに合うスピード感を表現しようと、あらゆる技巧を駆使して、長いソロを演奏した。

ピアノソロの後も、何人か管楽器奏者が加わり、長い長い『エアジン』を皆で演奏しきった。三十分は優に超した時間、演奏していたのではないだろうか。皆汗をかきすぎて、自然と休憩となった。ハンパリはすましたた顔でアコーディオンを肩からはずし、バーコーナーでワインなぞ飲んでいる。僕もバーコーナーに行ってワインをたのんだ。

「おい、ハンパリ、いきなり来て、『エアジン』はないだろう」

「どうしてだ、いい曲だし、はっきり言って、セッションに参加している奴らの実力もよく分かるし、うってつけじゃないか」

「演奏する前、『エアジン』をやりますとか何とか言った方がいいと思うけど」

「あのイントロで曲が分からない奴はセッションに参加しなければいいんだ」

おっしゃる通りだ。だが、そういうことだけを試す場所になると、どこか堅苦しいものになってしまう。ハンパリは、その容姿と行動から、皆に好かれているタイプではないのだろう。しかし自分の音楽的才能を誰かが拾い上げてくれてもいいじゃないか、という屈折した思いがハンパリの行動の端々に見え隠れしていた。

そしてその後のセッションの方はといえば、かなり盛り上がり、帰る頃はもう夜が明けてしまっていた。ベロニクの為にクロワッソンを買いに行かねばならない時刻が迫っていた。

12

ハンパリに明日も来るかと聞いたら、黙って頷いたので、僕も来るよと言って別れた。

タクシーでベロニクの部屋に戻ると、彼女の部屋のドアが開いている。本能的になにごとかと思い、部屋を覗き込んだ。

そこにはネグリジェ姿のベロニクと、見たことのない中肉中背の男が立っていた。男の方はどもるような片言のフランス語をしゃべっている。ベロニクが、「ノン！」と大声を出しても、その男は絡み付くような仕草で彼女の背中を撫でたりしている。

ベロニクが困っているようなので、二人の会話を無視して、「ボンジュール！」と言いつつ部屋に入った。その男、僕を睨みつけるような態度を示し、いったいこの東洋人は何なんだという、あからさまな敵意と蔑視を顔面に浮かべ、僕を凝視した。

「ベロニク。遅くなってごめん。クロワッソンを買いに行くよ」

「イロ、いいところに来てくれたわ。彼は昔のボーイフレンドのホセ。今朝いきなり来て、私に乱暴をするのよ。ホセのこともう好きじゃない。彼に説明しているのになかなかアパルトメントを出ようとしない。イロ、何とか私を助けてちょうだい」

「どうすればいいんだ」

ベロニクは僕の方を細い指先で指しながら、何だか長いセンテンスのフランス語をしゃべりはじめた。意味はまったく分からなかったが、急にホセの顔が紅潮しだした。何ごとかと突っ立っていたら、ホセが片言の英語で僕に向かってこう聞いてきた。

「オマエ、新しい、ベロニクのボーイフレンド、本当か?」

さて、こういう状況で僕は何と答えたらいいのか。

いずれにせよ、ベロニクはとっさに僕を彼女のボーイフレンドに仕立て上げたということだ。「付き合う」しかあるまい。

「ホセ、オマエどこから来た」

「ポルトギス」

「ずいぶん遠いところから来たんだな。ベロニクとの馴れ初めはいつだ」

「オマエには関係ない」

「関係あるよ。ベロニクは僕のガールフレンドだ」

「ふざけるな。ベロニクがポルトギスに来たとき、オレ達は仲良くなったんだ」

「そんな話、ベロニクから聞いてないぞ」

「オマエ、背の低いチビのオリエンタルのくせにでしゃばるな」

これがラストワードとなるとは思わなかったが、人種差別された時にどう行動したらいいか、アメリカ生活で学んでいたので、腹に力を入れ、低い声で、「ユーアー・ア・レイシスト！」と相手の目を睨みつけながら低い声で言い渡した。

ホセが白人でない僕を侮辱したことを、まず謝らせようと思った。このことに於いては、ベロニクとホセとの関係は二の次であった。ホセは言葉に詰まって僕を憎々しい目で見つめている。このタイミングでは日本語を使う方が有利だと直感的に感づいて、日本語でホセに毒づきはじめた。

「ホセ、女の子がいやがることをするのはやめろ。オレがアジア人で何かモンクがあるのか。遠くから出かけてきた割には収穫が少なくてご愁傷様ってとこだな」

言葉を理解しなくても、相手にこちらの日本的コノヤロウ感は通用するもので、まずホセのアジア人は弱いという先入観を壊すには充分な迫力が伝わったらしい。ホセが目をそらせて何も答えないので、「何とか言ったらどうなんだ？　どっちにしても無精髭は剃った方がいいよ。表にでるかい」

僕は、アゴでドアの外の階段の方向を指さした。兎に角こいつをアパルトメントの外に叩き出すことが先決であると思ったからだ。ホセがのっそりとドアの方に向かって歩き出したので、すかさず彼の背後に回り、ポケットや両手を確認する。刃物は持っていない。ホセは素手だ。


階段を降り始めた。ホセの背後に素早く再度回り込み、ナイトクラブ時代に習い覚えた喧嘩の方法を反芻した。しかし、パリの路上でポルトガル人と「ゴロをまく」やり方は、どこにも見つからなかったし、フランスの刑法など分かるはずもない。兎に角、アパルトメントの外の歩道に降り立って相手の出方を見るしかない。そして必ず先手必勝でホセを倒すしかない。しかし彼は僕よりガタイが大きい。接近戦にしてリーチを狭めようと思っていたその瞬間、いきなり右頬にパンチをくらった。油断した。僕は歩道に大の字になって倒れ込んだ。早朝のパリで、ポルトガル人に殴られるという場面は、僕の脳味噌に、想定されていなかったのだ。


ちょうど、ベロニクのアパルトメントの建物の隣が建て替えかなにかで、建材がそこかしこに散見された。しめた。倒れたまま左手で地面を探ってみると、角材らしきものに触れたので、それを両手で握りなおして飛び起き、ホセの両足をおもいっきりその角材で正面から払い倒した。

ホセの両足をヒットしたのは、ちょうどその角の部分だったので、ホセは悲鳴をあげながら前向きに倒れ込んだ。

ここぞとばかりに、彼のズボンの財布を抜き取り、靴を脱がせた。そしてそれらを、隣の壁のある敷地に投げ入れた。

裸足のホセは、足を抱えながら早朝のパリの歩道を、ごろごろと転がっている。

だが、しばらくしたら、よろよろと起き上がってきた。まだ自分が財布と靴を失ったことにも気付いていない様子だった。僕はまた日本語で毒づいた。

「おい、ベロニクの所に二度とくるな。また同じ目にあわせてやる」

言うや否や、ホセがポルトガル語で何か叫びながら、僕に襲いかかってきたので、今度は角材で顔面を垂直に殴りつけた。

ホセは、寒空の中、両手で顔を覆いひざまずいた。同時に自分が靴を履いていないことにも気が付いたようだった。

靴と財布を奪われると、なぜか人間は戦意を喪失する。銀座時代に覚えた、その筋の方々の「ゴロの巻き方」の一つだった。

僕も少し朦朧としてきたが、ホセに向かい英語でこう言った。

「ベロニクのことはおいておいて、オマエはオレのことを、チビのアジア人と言ったな。まずそのことをあやまれ。ホセ、オレもオマエにこれ以上暴力は振るいたくない。オマエのことも個人的に憎んでいるわけじゃない」

ホセはまだ両手で顔を覆っており、なぜだか身体もがたがたと震え始めた。

「ホセ！　あやまるなら今のうちだぞ！」

僕はなぜか手に持った角材を握りしめたまま、ベロニクの部屋へと戻っていった。角材のささくれが手の平に刺さっており、少し出血していた。血だらけの角材を見て、ベロニクは「ウ～ララー！」と言って僕を抱きしめてくれた。

緊張がほぐれてきたら、最初に殴られた頬がやけに痛くなってきた。洗面所で自分の顔を鏡で見たら、腫れて血が出ている。また、角材を持った手の平が、冷気のために開かない。僕はピアニストなのにな、と思いつつ、手の平をゆっくり片手ずつ開いてから、刺さった細かい木片を一本ずつ抜いていった。幸い怪我は手の平のみで、指にはなにも刺さっていなかったから、演奏はすぐにできると判断した。

しかし、意外だったことは、どこかサディストめいたところがあると思っていたベロニクが、僕を抱きしめ、手の平の血を拭いてくれ、どこから持ってきたんだか、薬を塗ってくれたことだった。コンセルヴァトワールに教えに行く時間じゃないのかと聞くと、今日は休むという。

「ベロニク、この手じゃ、クロワッソンも買いにいけないし、掃除はできないし、夕飯も調理できない」

「イロ、メルシーボクー。ホセのことでは困っていたのよ。あなた一体なにをしたの？」

「この角材でホセの顔面を殴りつけた。彼はもうこのアパルトメントのそばには居ないよ。

ええと、ベロニクには世話になっているし、僕も男だ。しかも奴は僕のことをアジア人として差別した。きっちりと謝らせたよ。だけど僕、警察につかまるかな」

「ノンノン、警察が来たら、あたしが事情を説明するわ。あなたは無罪よ」

「ああ、そう願いたいもんだね。とにかくああいうレイシストには我慢がならない。だからといって暴力を振るった僕も同レベルかな」

「イロは最初に殴られたんでしょ。頬が腫れているわ。正当防衛よ」

「警察がそう判断してくれればいいけど」

「イロ、ああ、何とお礼を言えばいいのか。あなたは私を救ったのよ」

「ベロニク、とにかく少しの間、ちょっとの間眠らせてくれないか」


起きたのは夜半過ぎであった。デュク・デ・ロンバールにはもう行けない。時間が遅すぎる。手の平の出血は止まったが、痛くて指を握ることができなかった。何となく台所に行ってみると、驚いたことに、ベロニクが料理をしていた。僕が、「ベロニク……」と呼びかけると、それまでに見たことも無いような笑顔を浮かべて、ベロニクが抱きついてきて軽く頬にキスをされた。

「イロのためにスープを作ってるところよ。これを食べて元気を出して。怪我はどう？」

「出血は止まったけど、なぜだか体中の筋肉が痛い」

「すごい喧嘩をしたのね、私の為に。ほんとに嬉しいわ。もうホセは来ないと思うわ」

「ああ、そう願いたいね。ところで、デュク・デ・ロンバールの電話番号は知っている？」

「待ってて、すぐ調べる」

ベロニクから聞き出した番号で、一発で通じた。店のオーナーが電話にでた。その声の後ろの方では、ジャムセッションの音がやかましかった。

「あのう、ハンガリー系のアコーディオニストにかわってもらえますか」

「彼は今演奏中だ。インターミッションの時に、イロから電話があったことを伝えるよ」

「お願いします」

直後に電話は切れてしまった。

13

朝起きて、自分が本当にパリにいるのだなと思える瞬間、それは、ベロニクの部屋の、空気の流れでねっとりとこちらに匂ってくる彼女の体臭であり、更に、彼女が使っているきつい香水の匂いが混ざった、何とも形容しがたいその空気を感じる時であった。

昔のボーイフレンドを退治して、少し点数を上げたつもりだったが、二、三日経つと、僕はそれまでと同じ下僕以下の位置に静かに降格していた。手の平が治ったと見るや、ベロニクは前よりも僕をこき使い始めた。今度は、銀行や郵便局に、生活するのに必要な入金を僕にまかせたのである。これは僕を信用したという意味では進歩かもしれなかったが、たまったものではなかった。郵便局は封書を出して切手を貼ってもらえれば、無言でことは済むが、銀行となるとそうはいかない。相手にとっては簡単な、しかし僕にとっては複雑な手続きが待っていた。だが幸い、銀行の人達は、なんとか英語を解する人々だった。しかし、自分の時間をキープするという事柄においては、どんどん追い込まれてゆくような状態であった。

そんなある日、ベロニクの雑事を済ませ、夜地下鉄に乗って、デュク・デ・ロンバールに行った。

不思議なことに、ミッシェル・ビゾ駅にも、シャトレの駅にも、ほとんど人がいない。デュク・デ・ロンバールに行ってみると、いつものように、お客さんや演奏者、セッションに来ている者の姿が見当たらない。カウンターの奥にオーナーが座っていた。

「エーイ、イロ、お前は本当にクレイジーだな」と言いつつ、ゴロワーズを一本僕に差し出した。

「今晩は人がいないや」

「あたりまえだろ。テレビやラジオ聞かなかったのか。今晩はフランス政府の発表で、外出禁止令が敷かれているんだ」

「どうしたの」

「今、湾岸戦争の真最中で、テロリストが、パリのメインの駅、地下鉄、劇場、映画館などに爆弾をしかけるという声明を発表した」

「知らなかった。テレビを見ないし。見てもフランス語が分からない」

「まあ、イロ、一杯飲んでけよ」

オーナーは、赤ワインをどぼどぼとワイングラスについでくれた。

「メルシー」

「ここに来るまでに、何か変だとは思わなかったのかい」

「うん、地下鉄にも通りにも、そう言われれば誰も人が居なかった」

「それでもイロはこの店に来たっていうわけだな」

「ああ、何も知らなかったから」

「イロはすごいな。よほど音楽が好きなんだな」

「何にも知らなかっただけさ」

「もう一杯飲んでけよ。飲み終わったらタクシーで帰る方がいいぞ」

「OK、メルシー」

僕は奢られたワインをさっと飲んで店の外に出た。


「この世の中なんか、地獄が作ったのではなく、世の中があるからこそ地獄が生まれてしまったのよ」といった風情の革のコートを着た年齢不詳のマダムや、「オレは一生労働階級です」といった面相の鼻の形がひん曲がったおじさん達以外に、その日は通りでも駅でも誰にも出会わなかった。みんな、いつ死んでもいいやみたいな顔をしているくせに、テロだ爆弾だとなると、己の命が惜しいらしい。命が惜しいのはタクシーの運転手も同じらしく、全ての通りががらんとしていた。しょうがないから、また地下鉄に乗った。

アパルトメントに帰ってみたら、ベロニクがテレビに釘付けになっていた。解説者が真面目な顔をして何かしゃべっている。

「イロ！　心配してたのよ。今までどこに行っていたの？」

「デュク・デ・ロンバールに行ってみたら誰もいなかった」

「あたりまえでしょ、あまり心配をかけないで」

「何も知らなかったんだ」

「明日から私もコンセルヴァトワールはお休みとなりそうだわ。パリ市民は、特別なことがない限り、明日は外出禁止になりそうだし」

「そんなに危険な状況だったのか」

「イロ、早くフランス語を理解できるようになって。あなたの面倒を二四時間見ることはできないから」

もっともだと思った。僕の行動には、物事の重さを受け取りきれないでいる、ニホン人の持つ平和ボケ的感覚があったのだろう。

14

それから二、三日、ベロニクのアパルトメントでうだうだと時を過ごした。外出禁止令が解けるまで、掃除も洗濯も、お役御免のようだった。

ベロニクのアパルトメントから歩いて五分ぐらいのところにしょぼい中華料理屋があり、近くだから、あそこまでの距離の間で爆弾は爆発しないだろうということになって、毎晩中華料理を食べにいった。他の店は、全てシャッターが閉まっていたが、中国人には、外出禁止令など関係ないようであった。一応、メニューに漢字の記載があったので、何となく何がでてくるか推測がついた。しかし個々の漢字が読めても、食いものの正体までは見破れなかったので、炒飯や焼きそばしか頼めなかった。

長いヨーロッパ滞在で醤油欠乏症のような気がしていたので、どばっと炒飯に醤油をかけ、その上から酢をかけてむさぼり喰った。しょぼい作りの外観ながら味は良かったので、三日間程その店に通うことになった。

注文して残った料理は、アメリカでいうドギーバッグ、つまり紙の容器に入れてくれるので、翌日それを遅い昼食として食べ、また夜には同じ店に行く。

二日目の夜だったか、食前酒として老酒を頼むと、アルコール度が高いのか、それを飲んだベロニクがげたげた笑い始めた。彼女が笑い上戸であるということをはじめて知った。僕はなにも彼女に聞いていないのに、自分の出自をベラベラしゃべりはじめた。

「イロ、このお酒なあに。なんか頭に効くみたい」

「ラオチュウという中国の酒だ」

「あなた、私を酔わせて、なんかたくらみでもあるの」

「それはオーヴァーシィンキングだよ。いったいベロニクを僕がどうするっていうのさ」

「ニホン人は表情がなくて、何を考えているか分からないときがあるわ。イロもその一人よ」

「僕から言わせれば、細かいことに大袈裟にリアクションしたり、身振り手振りで物事を言い表すフランス人。あんなことして疲れないの？　とにかく僕にはベロニクに対して悪意はない。心配しないで。ラオチューがいやなら、ワインでも頼もうか。今晩は僕が奢る」

「アタシこのお酒気に入ったわ。キャハハハハ！　お代わりちょうだい」

ベロニクはその日、一人でガンガン老酒を飲みだして止まらなくなった。

「アタシはねえ、ウエー、あなたの知らない北の方に両親がいるのよ。両親も一時パリに住んでいたけれど、アタシがパリのコンセルヴァトワールに入れると分かったとき、大喜びしたわ。両親の街から、パリの学校にいく人は少ないのよ。でも卒業してコンセルヴァトワールで教えているだけじゃ生活できない、だから子供を教えているのよ。その子供らの家を廻ってね。可笑しいのはそのお母さん達、自分の息子や娘が大ピアニストになるって信じてるの。キャハハ！　キャハハハハハハ！」

ベロニクの笑いがあまりにも甲高いので、他の客の耳目を集めだした。中にはあからさまに、こちらのテーブルを睨んでいる名探偵ポワロのような髭を生やした紳士もいる。

「リサイタルやろうと思っても時間もおカネもないし、練習時間だってないわ。イロはラッキーよ。午後は練習してるんでしょう」

「そのつもりでピアノのあるアパルトメントを探したんだよ」

「キャハハハハハ！　イロってなんか可笑しいわ。あなたボストンの音楽学校の学生なんでしょ」

「そうだけどさあ、とにかくベロニク、笑い声が大きすぎるよ。客がみんなこっちを見てるよ。フランス式マナーを教えてくれるのは、そっちの役割じゃないの」

「なによ、フライドヌードル食べる時ズルズルと音出しまくって、今更マナーも何もないもんだわ、キャハハハハハ！」

「これは正当な食べ方なんだよ」

「チャイナではでしょう」

「ニホンでもだ」

「なにヨコの野蛮人！　キャハハハハ！　マナーが聞いてあきれるわ」

「チョップスティックを使うということは、こうやって食べるものなんだ」

「アタシを見なさいよ、そんな細い棒で食事なんかできないわ。キャハハ！　ナイフとフォークを使いなさい」

「中華料理を何でナイフとフォークで食べなきゃいけないんだ」

「中国人もニホン人もチョップスティックを使うわ。皆同じなのよ。違いはない。キャハハハハハ！」

「おいベロニク。ドイツ料理とフランス料理は違うものだって認めたろ」

「キャハハ！　イロがウエイターでここの店に立っても、アタシには分からないかも。そう、あんたらみんな原始的なのよ」

「貴方たちヨーロッパ人が手づかみでものを食べていた時、僕らアジア人はチョップスティックを使ってたんだぞ。どっちが野蛮か考えてみろ」

言ったそばから後悔した。彼女の機嫌を損ねては、僕の居場所が無くなる。しかし、彼女は、幸い僕の話を全然聞いていないようだった。その晩のベロニクは食事にも手を付けず、老酒をあおりまくった。

「イロ！　もう一杯ちょうだい！」

店の外に出るときには、足下がおぼつかなくなっていた。

「ベロニク、オレにつかまって。アパルトメントは近いんだ」

彼女の右手を肩に回し、引きずるようにしてアパルトメントの前まで来た。後は階段だ。面倒なので、あまり背丈のないベロニクをおぶって彼女のアパルトメントのドアを開ける。ベロニクがなだれ込む。

「ウーララ～！　酔っぱらったわ」

彼女は化粧台の前でコールドクリームらしきものを顔に塗りこみ始めた。

「イロ。今晩は楽しかったわ。そろそろ明日あたりから、お店が開く筈よ。いつも通り、クロワッソンを買いに行くところから私の生活を手伝ってちょうだい」

「いいけどさあ、ベロニク、見損なったよ。君も本当はレイシストなんだな。チョップスティックを使うのは原始的で、中国人もニホン人も皆一緒だと思ってる」

「そんなことないわ」

「あんたが酔った勢いで言ったことだよ、ベロニク。ホセと変わらないじゃないか」

一瞬部屋の中に冷たい空気が流れた。

「ウエー、イロ、正直に言っただけなのよ。アタシには中国人もニホン人も皆同じに見える。気に障ったんだったらごめんなさい。さあ、私もう寝るわ」

ベロニクの部屋から出て、極寒の自分の部屋に戻った。あれ以上問いつめても、喧嘩になるだけだ。喧嘩になれば、この寒空のパリで屋根と夜具を失いかねない。今晩の彼女の言動は忘れようと、僕も眠りについた。

15

翌朝、クロワッソンの店はやっていたし、何人か並んでもいたから、外出禁止令は解かれたのだろうと思った。ベロニクを送り出し、掃除をし、頼まれていた色々な雑務を経ると、夕方になる。少しピアノを弾いて、夕食の準備。ベロニクに夕飯を食べさせてから、デュク・デ・ロンバールに向かう。ハンパリはもう来ていた。いつもどおりのセッション。明け方近く、震えながら地下鉄シャトレ駅のベンチに座って始発を待つ。帰ったら即、クロワッソンを買いにいく。段々眠る時間が無くなっていった。


そんなある日、随分長い間、風呂に入っていない自分に気付いた。ベロニクは香水で体臭をごまかせるかもしれないが、僕は違う。実際、湯船につかるといったシステムはベロニクのアパルトメントにはなかった。

ベロニクを送り出してから、久しぶりに風呂に入ることにしたのだが、どうも勝手が分からない。

便器の右上に、小さな給水タンクのようなものが洗面台の上にあり、そこからパイプが便器の真上まで延びていて、じょうろ状の噴出口に直結している。便器の横には排水溝がある。要するに、ここでシャワーを浴びろというわけだ。小さなタンクの下には、熱湯、真水を操作するハンドルが、カビだらけのタイルから突き出していて、その横に操作方法が書かれたシールが貼ってあったが、フランス語なので読めない。

とにかく裸になり、熱湯の温度を調節し、しばらくそれを浴びてから、頭を洗い、身体を洗おうとしたその一瞬、冷たい水しか出てこなくなった。僕は震えながら、ハンドルをいじったが、寒いパリの空の下、冷たい水しか使えないと悟るや、修行僧のような面持ちで、冷たい水で全身を洗った。身体の石鹸を落とし、バスルームから出たときは、全身鳥肌が立っていた。自分の部屋に帰ってきて、着替えをしても、震えが収まらない。つまりこのアパルトメントのシャワーは、一分程熱湯が出るだけだということを学んだ。

それからというもの、腕時計で熱湯が出る時間を計り、その間に身体を洗うという諸事を済ませる方法を編み出さざるを得なかった。

パリは文明のかたまりではあったが、歩道に散乱する犬のフンと、風呂に関しては徹底的にダメな街だと思った。このベロニクのアパルトメントも十九世紀に建てられたものかもしれない。そこに、東京のようなインフラを求めること自体が無理なのだ。

シャワーを浴びたその日も、凍えながら、彼女の部屋を掃除し、窓を拭いて、夕飯の支度をした。その夜は、プロバンス風の献立を考えた。野菜やハーブをふんだんに使った肉と卵を調理し、ベロニクが帰ってこないから、置き手紙をしてデュク・デ・ロンバールに向かった。ハンパリといつものように演奏し、インターミッションとなった。

「ハンパリ、この店の他にセッションやってるクラブ、知ってる?」

「サンセットかな。行ってみる?」

「ああ、是非行きたいね。今晩のデュク・デ・ロンバールは、何となくだれてると思わない?」

「ああ、イロの言うとおりだ。何だか活気が無いね。サンセットへ行こう。だけど、あそこは独特な雰囲気があるぜ。デュク・デ・ロンバールとは全然違う。それでもいいか」

「いいよ。とにかく弾きたいし、とにかくいろいろなミュージシャンの演奏を聴きたい」

「OK、店を出よう」

セーヌ川を背にし、シャトレ駅の方に向かうと、程なくサンセットについた。ハンパリと一緒に店内に入る。ハンパリはここでも知られた存在であるようで、セッションの出番を待ついろいろな楽器奏者から、挨拶を受けていた。

「おい、みんな、こいつイロっていうんだ。ジャポネだぜ。ピアニストだ。何曲か弾かせてやってくれ」

こういうフランス語は、言葉が分からずとも、聞いていると自然に分かるものだ。僕はセッションに待機しているミュージシャン達と挨拶を交わした。

しばらく経ってから、セッションの時間になると、デュク・デ・ロンバールとは違う雰囲気が辺りを満たしていった。つまり演奏者全員の、このパリでプロになるのだという意気込みが、一段上のレヴェルとなって満ちていたのである。やり手が多い。

演奏が始まった。薄暗い明かりの中に、ステージだけが浮き彫りになるような照明で、客席や、我々次の出番を待っているミュージシャンの足下は真っ暗だった。端正な顔立ちのピアニストが、今晩のセッションの除幕を仕切るようだった。

彼はピアノに座り、信じられないような美しいタッチとハーモニーを駆使して、長いソロを弾いた。それが段々セッションの曲となってゆく。こんなやり方もあったのか。それぞれスタンバイしていたベースとドラムがピアノの音と絡みだす。見事な導入部であった。最初にサックス奏者がその演奏に絡みだす。その状態で、なんの曲を演奏するか決めているみたいだった。セッションの真髄のような場面だ。何となく、ではあるが、僕も知っているスタンダードチューンだった。

ピアノソロとなる。アメリカの学校のメソッドにはない、しかしある意味で堅牢なる別の音楽理論の上に成り立っているハーモニーを駆使して、そのピアニストは、離れ業のようなフレージングを弾きだし、僕は目を見張った。そのサウンドは、ハービー・ハンコックでもなく、キース・ジャレットのものでもなく、つまりあらゆる意味でオリジナリティーに満ちていた。こういう奴も世の中に存在しているんだと思いつつも、当然のことながら、アメリカの音楽学校が、全てを網羅していないということも知った。それほど彼のピアノは独自であった。

彼のピアノをずっと聴いていたい気がしていたが、ハンパリが、店のオーナーと上手く交渉してくれたようで、次のセットは、僕とハンパリ、そして名も知らぬ超絶技巧のドラムとベースが一緒に演奏するという流れになった。

インターミッションの後、ピアノの前に座った。皆の耳目が僕に集まるのを感じていた。このチャイニーズだかよく分からないアジア人のピアニストは何をしでかすのか。答えはこうだよ、といった調子でまずピアノで転調しつついくつかのパターンを弾いたりしてみた。ベーシストがそれに呼応しだした。つまり少なくとも、仲間に入れてもらったということだ。さてなんの曲を弾こうと迷っていると、ハンパリが、前にも一緒にやった『ブルーゼット』のメロディーを弾き始めた。テーマのメロディーは彼にまかせ、僕も今までとは違ったハーモニーのアプローチを試みていた。演奏し終わると、またピアノ交代となった。

今晩のこの演奏を聴いているだけでも、パリの競争の中で、何とか生き残っていこうという彼らの「気」に少し近づいた気がした。あわよくば、どこかのグループに呼んでもらおうとするような演奏を披露する連中でいっぱいであった。

もしかしたら、彼等と演奏することによって、僕の演奏スタイルもアメリカの音楽学校でセッションしていたときとは異なってくるのではないか。そうでないと演奏の輪に入れないからだ。また、そういう状況に身を置くと、今までの自分では思いもよらないような演奏ができたりした。

だが、サンセットでは、僕はある意味新人の為、その晩はあまり弾かせてもらえなかった。ハンパリもデュク・デ・ロンバールのように自由に振る舞ってはいなかった。サンセットは、つわものぞろいだった。


その晩はそれからずっと、ピアノを弾いたり、他の人のセッションを聴いたりしていたら、明け方になってしまった。

まずい、すぐさまベロニクのクロワッソンを買いにいかなければ。

しかし、セッションの後のアフターアワーズというものも大変楽しいものであり、件の端正な顔立ちのピアニストに挨拶し、こちらの事情を説明すると、強いフランス語訛の英語で、

「イロ、あそこまで弾けるんだったら、アメリカに帰る必要なんて無いじゃないか。ここでセッションしていたら、絶対チャンスは巡ってくるよ」

僕が答えに窮していたら、店のオーナーに紹介された。

「オーナーのアンリだ。こちらはイロ」

「また演奏させてもらえますか」

アンリが笑顔で頷いたので、それをお世辞ではない答えとして受けとめることにした。

日が昇り、明るくなったので、店を出てクロワッソンをギリギリセーフで買った後、その紙袋を持って、ベロニクの部屋に駆け込んだ。幸い彼女はまだ寝ているらしかった。僕は徹夜明けだったので、とにかく眠りたかった。台所で朝食の準備をし、寝床に入った。起きたらもう既に夕方になっていた。まずい。掃除も洗濯もこの時間からじゃ無理だ。だがセッションにはまだ間がある。ハンパリに電話してみた。

「ハロー、ハンパリ」

「ウエー、イロか」

「今晩も一緒にサンセット行かない？」

「ああ、行くつもりだったよ」

「その前に、ハンパリのところへ遊びに行っていいかい。いろいろと教えてもらいたいことがあるんだ」

「ウエー、散らかりまくってるけど、それでも良ければ」

「住所を教えてくれよ」

パリの地図で確認してみると、十八区のシャトー・ルージュという辺りだった。歩ける距離ではなかったので、地下鉄を乗り継いでいった。駅の階段を上がったら、アフリカ人とアラブ人が沢山居た。約束の時間にはまだ間があったので、そこいらをうろうろしてみることにした。決して治安がいい場所には見えなかった。ニューヨークやボストン等のアメリカの都市にはない不思議な危険さと人々のエネルギーと明るさが混在していた。そして、こういう地区に有りがちな、道ばたのゴミはちゃんと散乱していた。

真冬だというのに、アフリカの音楽を奏でるストリートミュージシャンがそこかしこに見受けられ、その近辺に居並ぶ生地屋や洋服屋の品物が格段に安かった。しかも、魚屋や、見たこともない野菜を売っている店まで豊富にある。今度またここに来て、服を買い足そうと思った。

ハンパリのアパルトメントは、シャトー・ルージュの駅と、バルベル・ロシュアールという駅の中間にあった。フランス人と言っても、少なくとも駅からハンパリのアパルトメントに行く間、白人には一人も出会わなかった。このシビれる寒さの中でゲラゲラ笑いながら果物を頬張っているヤツらや、ポルノ雑誌を兄弟かダチ同士で指差し見ながら、僕でも分かるフランス語の「ふぁっく」を連呼しているような黒い肌の人達ばかりだった。

ハンパリの番地を確かめてから、ブザーを押す段階になって、しまったと気づいた。もう彼は僕にとってハンパリとして記憶されていて、彼のハンガリー系の本名をわすれていることに気付いたからだ。入り口の横の表札を見て、フランス系ではない名前を探した。急に雨が降ってきた。当たりをつけてよく読めない綴りのブザーを押したら、ハンパリの声がした。シメタ。雨が本格的に降り出して、急に辺りが更に肌寒くなってきていた。

「ハンパリ、イロだ。メインエントランスを開けてくれ」

ビーという音がしてメインエントランスが開いたのですかさず中に入る。ハンパリが、階段の外で迎えてくれた。

「イロ、よく来たな。電話で言ったようにオレの部屋は散らかってるぜ」

「ああ。かまわないよ」

室内に招き入れてもらった。天井のやたらに高い、古い部屋だった。天井の壁紙ははがれ、ホコリだらけの薄暗いシャンデリアが辺りを照らしていた。床は足の踏み場もないくらい、物が積み重なっていた。本、ＣＤ、雑誌、それとたくさんの五線紙も散らばっている。

「ハンパリ、物を踏んづけないで、この部屋を移動するのは難しいな」

「気にするなイロ、まあこっちのカウチに座ってくれ」

そのカウチも、バネがビヨヨーンと飛び出している代物で、実際、座れるスペースが限られていた。

「イロ、カフェを飲むか」

「ワインでもないかな。急に寒くなって凍えてしまった」

「お安い御用だ」

ハンパリは台所に行って、赤ワインのボトルを持ってきてくれた。

「ま、安もんのワインだけど、身体はあったまると思うよ」

「メルシー、ハンパリ、カンパイ」

「カンパイって日本語か、イロ。まあいいや、カンパイ」


「ハンパリ、ところでこの床に散乱している譜面、見てもいいかな」

「いいけど全部失敗作さ」

僕は手近にあった譜面を拾い上げて目を通してみた。ピアノなんて無くても分かる。その曲は、とてもシンプルなメロディーに、今迄見たことの無いようなコード進行がふられていた。斬新なコード進行の曲は、その斬新さ故に、メロディーがおろそかになってしまう危険性をはらむものだが、ハンパリは、その才能で、その段階をピュンと飛び越えていた。音に出すまでもなく、素晴らしい曲であることは、一目瞭然だった。僕はハンパリに断りもなく、床に散乱している譜面に逐一目を通した。

「ハンパリ、君の作曲した曲は素晴らしいじゃないか。是非これらの曲を一緒に演奏させてくれないか」

「オレは駄作だと思うんだよな」

「誰かと一緒に演奏したことはあるの」

「まだないんだ」

「じゃあ、一緒にリハーサルをやろうよ」

「ここにはピアノはないんだ」

「今、僕フランス女と同居してるんだよ。話したよね」

「ああ、そう言ってたよな」

「部屋代をタダにしてもらう代わりに、下男みたいなことしてるんだ。でも彼女が音楽学校でピアノを教えているからピアノがある。彼女が居なくなってから、いつも練習したり作曲したりしている。今度ウチのアパルトメントで一緒にこれらの曲を演奏しようよ」

「面白そうだな」

ハンパリはガブガブと赤ワインをボトルごとあおり、僕に手渡した。僕もグラスに注ぐのが面倒だったので、そのまま飲もうとしたら、ワインはもう残っていなかった。

ハンパリに酒屋の場所を聞いた後、雨の路上に飛び出した。案の定酒屋は、あらゆる人種でごったがえしていた。兎に角こういう時は、割り込んでカウンターに近づくしかない。

やっとのことで、一番安い赤ワインとどういう種類なんだかよく分からないチーズとクラッカーを買ってハンパリの部屋に戻った。

「ウエー、イロ、お前はなんていい奴なんだ。オレの一番好きなチーズをこんなに沢山買ってきてくれるなんて。ワインもこれがお気に入りさ」

「ジャポネはフランス人と違って、第六感が優れているんだよ」

「なんだと！」

「そんな、怒るなよ。冗談さ。まあお互い、気が合うってことにしておこうよ」

僕らは、そのチーズに直にナイフを突き立ててむさぼり喰いつつ、ワインをがぶ飲みした。その時、時間は夜の十時頃で、サンセットのセッションに行くにはまだ早かった。いずれにせよ、ベロニクの夕飯の準備は今晩はスキップだ。まあ、どうとでもなればよい。

窓から外を見ると、パリの街角がちょっと強い雨でけむって見えた。向かいの建物の石作りの壁も、窓にたたきつける雨でよく見えない。

「明かりはあとこれだけしかないんだ」

ハンパリが大きな燭台のロウソクに火をつけて床に置いた。そういえば、ハンパリのアパルトメントには机がなかった。床に置いたロウソクの灯りのせいで、部屋中がユラユラして見えた。

「なあ、ハンパリ、オレのお願い聞いてくれるかな」

「なんだよ」

僕は床に散らばった譜面の一つを拾い上げ、ハンパリに見せながら、「これ演奏してくれないかな」と言った。

ハンパリは再度ワインをラッパ飲みしてから譜面を眺めていたが、意外にも素直に僕の願いを聞き入れて、アコーディオンを担ぐと演奏を始めてくれた。

きっと酔っていたのだろう。最初にハンパリの弾いた和音の物寂しい音で、僕はもうノックアウトされてしまった。

なんとステキなサウンドなんだろう。

演奏を聴きながら、窓の外を見た。まだ雨が降っており、アパルトメントの窓に無数の水滴が伝わってゆく。その時ハンパリが演奏してくれた曲は、ジャズやシャンソンの影響の下に作曲されたことは確かだったが、ソロに入ると、不思議な音階を使いながら、独特のリズムを刻んでいた。直感的に、ハンガリーの民謡の要素がそのリズムには隠されていると感じた。一日弾きだしたハンパリは、演奏に夢中になってきて、長いソロをとり始めた。僕はまた窓の方に目をやった。雨のパリはものすごく寂しく見えた。燭台のロウソクも短くなってきていたが、その方が雰囲気があってよかった。考えてみれば、ハンパリのアコーディオンソロを金も払わずに、しかも僕だけに聴かせてくれているという状況自体が、とても贅沢に思えた。

16

長いエンディングのあと、アコーディオン特有の、和音を呼吸させるようなサウンドで、ハンパリは消え入るように曲を終わらせた。

「ハンパリ、すごいじゃないか。ものすごく良い演奏だったよ」

ハンパリはゴロワーズのフィルターをちぎり、そこいらにポンと捨てて、煙草を吸い始めた。

「イロも吸うか」

「ああ、一本もらうよ」

しばらく二人は無言で煙草を吸った。

「ウエー、イロ、そろそろサンセットに行こうか」

僕は無言で立ち上がり、コートを羽織り鳥打ち帽をかぶった。地下鉄の駅迄びしょぬれになりながら歩いていたら、二人とも相当へベレケだということに気付いた。地下鉄に乗る。

「ハンパリ、何で着替えないいんだよ。初めて会ったときから同じスーツを着てるよ」

「オレは服を二着しか持ってないいんだ」

酔いも手伝ってか、二人ともげらげら笑い出した。

「オレの部屋も、実は物置で、窓は割れてるし、いつもこのコートを着て寝てるんだぜ。多分二、三日たったら凍え死ぬよ」

二人で肩を組んでサンセットに行ってみたら、もうセッションは始まっていた。その晩のサンセットは、雨ということもあり、あまり人は集まっていなかった。オーナーのアンリがカウンターの奥から僕らを見ていたので、挨拶に行った。酔っぱらっていてただでさえよくしゃべれないフランス語が出てこないので、英語で挨拶し、握手をした。

その先のことはよく覚えていない。カウンターでも再度ワインを飲んだし、演奏も何曲かやった憶えがあるが、気が付いたら明け方だった。パリの冬の透徹とした明け方の空を見上げる頃には、少し酔いが醒めてきた。

「ハンパリ、今晩のオレの演奏、滅茶苦茶だったろ。またサンセットでセッションできるかな」

「イロは、こう言っちゃ何だけど、いつもより演奏が面白かったよ」

「本当かな」

「嘘言ったってしょうがないだろ」

「そこらのカフェで、何か飲まないか」

「グッド・アイディー」


二人で、ベロニクの部屋でセッションする作戦をたてた。ベロニクは、午後八時過ぎにならないと帰ってこない。それまでに、言われた通りの家事雑用を済ませ、ハンパリにベロニクの部屋迄来てもらうという簡単な手筈を整えればいいことであったが、問題は、ベロニクが帰ってきた時に、見ず知らずのハンパリを彼女がどう受けとめるかにあった。

「まかせろよ、イロ、オレがなんとか上手く言うからさ」

ハンパリの言葉を信じて、僕はベロニクのアパルトメントの住所をハンパリに渡した。そして、その日の明け方、お互い別の方向に向かって手を振って別れた。僕は別のカフェに入り直して時間を潰すことにした。今帰れば、まだベロニクは出勤前で、何を言われるか分かったもんじゃない。一杯のエスプレッソで粘って、ベロニクの出勤時間あとに彼女のアパルトメントに帰った。お義理に彼女の部屋を掃除し、窓を拭き、ゴミを出して、一分間しか湯の出ないシャワーを浴びて、またエスプレッソを飲んで、ひとごこちつけた。その日は疲れていたのか、ベロニクの暖かい部屋のカウチに横になり、熟睡してしまった。


カチャッとドアの鍵を開ける音に飛び起きた。奴隷根性が僕の心に根を張っている証拠だ。ベロニクは顔色ひとつ変えずに、僕の寝ているカウチの隙間に腰をかけた。

「イロ、昨日の夜はどこにいっていたの」

「友達の家」

「約束を破ったわね。夕飯の支度ができていなかったわ。それに朝のクロワッソン、自分で買いにいったけど、とても寒かったわ」

「明日からまたちゃんと働くからさ」

「お願いするわよ」

小言を延々聞かされると思ったのに、会話はそれで終わってしまった。

「さあ、今晩はなにを作ってくれるの」

「ああ、すぐ用意するから待って」

確かマルちゃんの出前一丁の買い置きがあった筈だ。そこいらにある野菜を炒め、オイスターソースを少し振りかけて、ラーメンの上にのっけて、簡単な野菜ラーメンを作った。

それでもベロニクは満足そうで、「ボン！」と言いながら、たいらげた。

「アタシ、今日は本当に疲れているのよ。クロワッソンと掃除洗濯、夕飯の準備たのんだわよ」

それだけ言うとベロニクは、自室に引っ込んだ。

翌朝、いつもの手筈で雑務をこなしてから、ハンパリに電話してみた。

「ヘロー、イロだ。今日の午後ひま？」

「ああ一緒にデュオをしようか」

ハンパリは三十分ぐらいでやってきた。ちょうど昼過ぎの時間だった。

「ウエー、イロ、腹が減ってるんだ。なにか喰わせてくれ」

僕はまたマルちゃんの出前一丁でラーメンを作ってハンパリに食べさせた。「イロ、これ最高だぜ。どこで手に入れたんだい」

「ベルヴィルの中華街だ」

「今度いっしょに行こう。作り方を教えてくれ」

「お安い御用だよ」

そうこうするうちに二人のセッションが始まった。

スタンダードから彼の曲まで。演奏すればするほど、どうにもやりきれない程ハンパリには音楽的才能のみが突出して満ちあふれていることが耳を伝って感知できる。僕は彼の独特なコードチェンジや、ピアノのフレーズとはちょっと違う、アコーディオンの鍵盤を滑るように、縦横無尽に弾きこなす技などを、ピアノに応用しようとして、四苦八苦した。意外とハンパリは、懇切丁寧にフレージングの作り方を教えてくれた。気が付いたら外は真っ暗になっていた。

「ハンパリ、ベロニクが帰ってくる前に夕飯の支度をしなきゃ」

「めんどくさいことを考えるのはやめろよ。そこらのマーケットで、パン、パテ、ハム、チーズ、それと簡単なサラダの材料を買ってくればいいじゃないか」

「ハンパリ、買い物手伝ってくれる?」

「いいとも。近くにマーケットあるか」

「二軒もあるよ」


ハンパリは一応吟味しながらパテ、ハム、チーズを何種類か選んでくれた。サラダはマーケットで一番安い野菜を選んで、適当に買い込んだ。「そうだ、ワインを忘れてはいけない」安手のワインを二本買い込んで、ベロニクの部屋へ帰った。

「これだけあれば、調理する必要はないだろ。さあ、もう少し演奏しようぜ」

買ってきた食材をテーブルに並べ、ベロニクがすぐにでも夕食がとれる準備をしてから、何曲か演奏していたら、案の定、いつもの時間にベロニクが帰ってきた。テーブルに並べられた結構豪華な食材と、会ったこともないハンパリを、例の細い目で見比べ始めた。ハンパリのアレンジしたご馳走を見るや否や上機嫌顔になったが、ハンパリのその出で立ちと、端正とはいえないその顔を見て、彼女の表情は、けげんなものに変わった。

「ベロニク、彼はアコーディオニストなんだ。モナミーだ。名前は～」

別に僕の出る幕ではなかったようだ。

二人はフランス語で挨拶し、話し始めた。こういうときは酒を出すに限る。僕は買っておいたワインのボトルの栓を抜き、二人に勧めた。自然と乾杯という仕儀となる。買っておいたハム、チーズとフランスパンを一緒に食べながら、会話がはずんだ。ベロニクもハンパリも楽しそうだった。


ハンパリが帰った後、僕の意に反してベロニクが言った。

「イロ、あまり私の知らない人をこの部屋に招くのはやめて。おちつかないわ」

フランス人の社交の在り方はよく知らなかったが、これが答えなんだろう。


翌朝、今迄の埋め合わせをしようと、朝、クロワッソンを買いに行き、掃除洗濯、窓ふきと精を出したが、自分でも段々手抜きをし始めていることに気付いた。よく考えれば、ベロニクの生活は、僕無しじゃ成り立たないレヴェルに来ているのではないか。それだったら僕をもっと大事にすべきだ、という考えが頭をもたげてきた。

17

ベロニクの弾く、ベートーベンの「テンペスト」の音によって目が覚めた。この朝の練習がなかったら、僕はクロワッソンを買いに行き損ねていただろう。いつものコートを着ながら立ち上がり、寒空の下、クロワッソンを仕入れた後、朝食の支度をした。

練習に集中しているとき、邪魔されるのが何よりも嫌なことだと僕も知っていたから、こちらからは声をかけなかった。いずれ彼女はコンセルヴァトワールに行く。その時を待った。

「ウ～ララ、イロ、今度簡単なリサイタルがあるのに全くうまく弾けやしない」

「ピアニストの練習というものは、ジャンルは違えど、皆同じものだよ」

「今度の演奏でチャンスをつかまなければ」

「もっと余裕を持ってさ。僕もパリにジャズを演奏したくてきたんだ。もう少し時間的余裕をもらえないかな」

「イロ！　何度も言っているように私はタダであなたを住まわせているのよ。そのことを忘れないでちょうだい」

僕のどこかがブチッと切れた。

「ベロニク、別に今日からおまえの言いなりになる必要はないんだぜ。オレがここに居るのがいやだったら、オレのこと、力ずくで外に放り投げてみろ」

沈黙を破ったのは、電話の音だった。ベロニクが何やらフランス語で長時間話をしていたが、電話を切ると、着替えを始めた。僕の目の前で、まるで僕がそこに存在していないかのように、黒いブラジャーとパンティー姿となり、衣装箪笥から色々と服を選んでいる。

「ベロニク、オレ、となりの部屋に行こうか」

「いいのよイロ、気にしないで」

その後、ベロニクは急いでカフェオレを飲み干し、外に出ていった。ベロニクの暖かい部屋で、しばらくボーッとしていたが、僕は、怒りとか、屈辱とか、惨めさとか、大袈裟にいえば、男のアイデンティティーみたいなものを無視されたという、いろいろな感情の交じった何ともやるせない心境に陥っていた。

少なくともベロニクは僕を男として認識していない。そのことに対して無性に腹立たしかった。朝食の準備、雑用、掃除、窓ふき、夕飯の準備、などやる気をなくすに充分な彼女の行為だった。

ベロニクの今朝の行動は、僕を下男として扱う以前に、何かしら、僕の存在理由そのものを剥奪するようなものだった。あまり感情的でない僕でも内心、言葉にならない罵詈雑言にあふれていたことは確かである。そうだ、力ずくで放り出してみろだ。放り出されるならそれでもいい。しかし、物理的に彼女が僕を放り出すことは不可能にも思われた。

その日から、僕は、毎日のルーティーンであった全ての事をやめた。自由にパリの街を歩き、夜はハンパリと一緒にジャズクラブでセッションした。帰りたい時に帰り、出かけたい時に出かけるようになった。要するに、ベロニクに最初言いわたされた家事にいっさい手を付けることをやめたということだ。

彼女が、コンセルヴァトワールに出かける前に、そーっと極寒の部屋に戻って寝た。彼女がアパルトメントを出るドアの音を聞いてから、暖かいベロニクの部屋で再度眠る。暖かさというものは、睡眠を深くする効能があるようで、午後一時ぐらいに起きる。例のコートを着て、ミッシェル・ビゾ駅の周辺を徘徊する。レストランもブラッセリーも値段が高くて入る気がしなかった。

アルジェリア人がやっている小じんまりしたカフェに入り浸るようになって、この場所で初めてクスクスという料理を食べた。

褐色の肌をした若いアルジェリア人達が、金をかけてピンボールに夢中だ。しばらく彼らの様子を見ていたら、僕の方がピンボールの扱いが上手いことが分かってきたので、賭けピンボールに参加することにした。結果は僕のボロもうけとなった。店を後にする時、また来てもいいか、と店主に声をかけると、いつでも来いという返事だった。ベロニクやハンパリの部屋以外で、パリでの根城がもう一カ所できたことになる。小遣いも稼げる。

ベロニクとは同じ状態が続いていた。同じ屋根の下に住んでいて会わずじまい。僕が部屋の掃除や洗濯をしなくなったので、我がアパルトメントは次第に前よりも見栄えが悪くなってきていた。ベロニクとは、言葉を交わさないのみならず、顔を会わせることを避けていたので、彼女がどういう行動を起こすか分からなかった。とにかく、彼女からなにを言われても、力ずくで通りに放り出してみろ、という何とも妙な腹のくくり方をして、極寒の部屋で自由に寝起きをし始めた。

18

そんなある日の晩、珍しく僕は日付が変わる時分に部屋に居た。デュク・デ・ロンバールで聴いた素晴らしいピアニストのサウンドなどをぼんやりとした気分で思い返していた。何故あの素晴らしいプレーヤーたちは、アメリカの音楽学校に行かずとも、あんなサウンドが出せるようになるのか。そんなことを考えていたら、僕の部屋のドアをノックする音がした。「コンコンコンコン、コンコンコンコン」典型的西洋人のドアのノックの音だった。ベロニク以外考えられない。ここで最後通牒を突きつけられるか、向こうが打開案を考えついたのか、いずれにせよ、僕はコートに毛布を巻いたみの虫状態だったので、ドアを開けず、「カム・イン！」とそのノックの音に答えた。

ゆっくりとドアが開いた。そこには黒いブラジャーとパンティー姿のベロニクが、自らの襟首を撫で上げながら立っていた。

なるほど、女としての最終兵器を使うつもりだな、と僕は思った。

ベロニクは僕の方をジーッと見つめながら、「イフユーワント・ユーキャンカムトゥマイルーム・トゥナイト」それだけ言うと、自分の部屋に戻っていった。

彼女の魂胆が分かりかねた。色仕掛けで掃除、洗濯を再度やらせるつもりなのか。僕に想像もつかない何かを企んでいるのか。しかしどう考えても僕に気があるようには見えなかった。かといって、色仕掛けで、元の洗濯夫になるのも嫌だった。あの眠そうな、何を考えているのかよく分からない細い目からもなにも読み取れなかった。

いずれにせよだ。結果はどうあろうと僕は男である。このままじっとしているわけには行くまい。コートを着たまま、ベロニクの部屋に入ると、テーブルにはロウソクが灯され、室内はとても暖かかった。

ベロニクは、先ほどの下着姿で、ベッドの端に座り、煙草を吸っていた。普段ベロニクが煙草を吸うところを見たことがなかった僕は、少し驚いたが、「一本くれる?」と声をかけた。

ベロニクは、まあ隣にお座りなさいというジェスチャーでベッドのマットレスをポンポンと叩いた。

「イロ、まずそのコートを脱ぎなさいよ、リラックスして」

彼女の隣に座り、銘柄のよく分からない不思議な煙草を吸っていると、なんだか本当にリラックスしてきたような感じになってきた。

「奥さんはいるの？」

「いないよ。家庭があったらパリでブラブラしてないよ」

「待ってて。今シャンパンを持ってくるから」

彼女は冷蔵庫からシャンパンを出し、ものの見事に、たった数秒で栓を抜いてしまった。

彼女はグラスも用意せず、そのシャンパンのボトルを高々と上げて飲み始めた。

こんな情景を、何かのフランス映画で見たような気がした。

「さあ、今度はイロの番よ」

僕もボトルを高々と上げて飲んだ。シャンパンは、まあ僕の場合、頭に酔いはこないが、腰がふらつく。僕はシャンパンを飲み続けた。気がついたら、ベッドの端に、ベロニクが仰向けになって寝ていた。

「まだイロの名字聞いてなかったわね」

「M-I-N-A-M-I、別に覚えなくたっていいよ」

「私の名字はね、ラヴィオレットと言うの」

「知っていたよ」

「なぜ?」

「アパルトメントの入り口の表札にそう書いてあった」

「イロ?」

「なに?」

「早くブラジャーのホックはずしてよ」


うつぶせになったベロニクの背中を優しく撫でる。薄茶色の体毛が、背骨を中心にして生えているその模様が、女体の美とは関係ない観点から神秘的に見えた。突然仰向けになった彼女が言った。「イロ、カモン」

キスをしてから自然と顔を胸に近づけていったその時、異様な匂いが僕の鼻孔を刺し貫き、背骨がエビ反り状態になった。腋臭だ。それは、何とも形容することのできない、密度の濃い嫌な匂いだった。

「イロ?」

「ベロニク、何でも無いよ」

酒の勢いもあり、いわゆる愛の交歓を無事に終えることができた。僕が無言で自分の部屋に帰ろうとすると、「イロ、行かないで．この部屋で一緒に住みましょうよ」

僕は早速Uターンをして、彼女の暖かいベッドにもぐりこんだ。

「あなたみたいに、無言で女を抱く男を初めて知ったわ」

「不器用なんだよ。極端な意見かもしれないけど、人間は九〇％嘘を言って生きてると思う」

「それどういうこと？」

「簡単さ。お元気ですか、なんて挨拶で言うだろう。はい、元気です、なんて答えは嘘なんだ。そういう人に限って、毎週病院で薬をもらってるのさ」

「イロはシニカルね」

「事実を言ったまでだ。真実なんて、日常生活では探せないと思う。例外は男の友情かな」

「女はそこに加われないの」

「一週間後に答えを出すよ」

「イロ、あなたって不思議、ワタシを誰とでも寝る女だとは思わないでちょうだい。明日から私の部屋で一緒に暮らしましょう。掃除、洗濯もできる範囲でいいわ。ワタシもデュク・デ・ロンバールやサンセットに行ってみたい」

「それはステキな話だな。通訳も頼むよ」

その晩は二本目のシャンパンをベロニクが飲み始めたので、僕も一緒に飲んだ。酔うと笑い上戸になるベロニクがまたしてもおかしな行動をとり始めた。「キャハハハハハ！　イロの鼻さわってていい？」

「いいよ」

ベロニクに鼻を押されると、簡単につぶれた。

「キャハハハハ！　鼻がオモチャみたいだわ」

反対にベロニクの高い鼻を押してみても微動だにしない。これが西洋人の顔かと思った。

次の日からベロニクとの共同生活が始まった。

言われなくても、早朝にクロワッソンを買いにいき、ベロニクがコンセルヴァトワールに行っている間、掃除、洗濯も済ませ、練習した。ベロニクもかなりの雑用を自分でこなすようになっていた。そして夜にはいつもロウソクの灯のもと、イヴ・モンタンなどを聴きながら安いワインをあおり、愛の交歓をした。

ベロニクの部屋は、僕の部屋とは比べものにならないぐらい暖かかったが、しんしんと冷える深夜は、すきま風が、部屋の温度を段々と下げる。ベロニクと僕は、パジャマもなにも着ないで、ただ裸の身体をすりあわせて床についた。その方が、足を絡め合ったり、互いの顔を見つめ合ったりするのに好都合だったからだ。二人とも母国語がしゃべれないことが障壁となることもあったが、お互い裸なのだから、ボディーランゲージを超えた意思の疎通は可能であった。二人がやることは、インターナショナリー共通であって、ここでこれ以上の言葉は要しないだろう。

彼女の目を見ていると、緑色の瞳孔の周りに、何とも形容しがたい薄いブルーの虹彩があり、彼女を愛しているとか、心の底で彼女を受け入れるというスタンスとはまったく違う、西洋人である彼女との身体の違いを発見するごとに、僕は一喜一憂した。キスをするときも、最初は愛情表現というより、そういう興味で僕はベロニクと接していた。本能的にベロニクも僕の目や身体を観察していたようだ。ベロニクが一番驚いたことは、僕の身体に体毛のないことだった。本能的に相手の肉体を探り合っていたのは、なにも僕だけじゃない。

ベロニクとできてしまって、何日か、僕はデュク・デ・ロンバールやサンセットに顔を出さなかった。つまりちょっとタガがはずれたわけだ。ベロニクと夜の時間うだうだしていたら、ハンパリが電話をよこした。

「エーイ、イロ、最近セッションに顔を出さないじゃないか。どうしたんだ？　風邪でもひいたのか」

「ベロニクとできちゃったんだよ。少なくとも最近は、暖かい部屋で眠れるようになった」

「イロ、ヤルじゃないか。でもそれはセッションを休む理由にはならないだろ」

「明日の晩、ベロニクを連れて行くよ。彼女もピアニストだから、サンセットの方がいいんじゃないかな」

「ＯＫ、イロ、明日の夜サンセットで会おうな」

19

翌日の晩、ベロニクをサンセットに連れて行った。驚いたことに、彼女はその場所を知らなかった。

「シャトレの近くでしょう」

「ああ、だけどちょっと込み入った場所にある」

「アタシこの辺でいいレストラン知ってるわよ」

「オレが奢る。こんど食べに行こう」

その晩のサンセットも、通常の演奏時間が終わってから、セッションをしたくてウズウズしているミュージシャンで一杯だった。ハンパリが近寄ってきた。

「エーイ、イロ、ベロニクとはどうだ？」

「僕が説明するより、お互いフランス語で話した方がいいんじゃない？」

彼らは二言三言、言葉をかわしたあと、しゃべりこんだ。会話の内容に、時たま、イロ、イロという言葉が含まれていたので、僕のことをしゃべっているのだと分かった。

セッションの時間となり、僕やハンパリ、他のフランス人奏者と演奏していたら、ものすごくヒップな格好をした黒人が入ってきた。曲が終わると、皆彼に挨拶に行く。彼はコブラと名乗るアルトサックス奏者であった。コブラは、茶色の革製のスーツをまとい、これ以上ヒップなデザインはないと思う程のサングラスをかけて、アルトサックスのケースを持っていた。

ハンパリが僕のことをコブラに紹介してくれた。

「コブラ、ジャポネのイロだ」

僕が握手を求めようとすると、コブラは僕を抱きすくめ、「ヘーイ、メーン」と耳元でささやいた。アフリカ訛のフランス語で語りかけてきたので、フランス語は分からないと言うと、今度はやはりフランス語訛の英語で、「一緒に演奏しようぜブロー。オレはニホン人と演奏するのは初めてさ」と言いつつサックスを組み立て始めた。何故だか、クラブオーナーも、その晩セッションに参加している奴らも彼に対してものすごくリスペクトがあるような感じだった。

セッションが始まった。フロントは言うまでもなくコブラだ。ピアノ、ベース、ドラムが曲を決めているのもおかまいなしに、彼は吹き出した。最初は調性に則ったインサイドなフレージングだったが、リズム隊が演奏に加わるや否や、もはやフリージャズを超越した、ものすごくメロディアスなフレーズを吹き出した。曲のコード進行などおかまいなしに、コブラは自分のサウンドで飛翔した。譜割さえ超越した、曲に対して、大きな虹のようなフレーズを連発した。かと思うと、その長々としたフレーズに対し、ブギュ、ブキャといったフリージャズ本来のサウンドも混ぜる。こういうサウンドも、アメリカの学校では聴けないと僕は思った。

二、三曲演奏し、インターミッションとなった。汗だくのコブラは、粋なエナメルの靴をスマートにクラブの床に滑らせるように歩きながら、ハンパリと僕の方にやってきた。
「今度はお前らと演奏したいがいいか」

無論断る理由はない。だが、今聴いたコブラの演奏にどう対処してよいのか、僕には分からなかった。しかし、未知の音楽に対する経験こそ、パリにやってきた理由だと自分を奮起させて、コブラと一緒にステージに上がった。メンバーはハンパリ、僕、フランス人のドラマーとベース。演奏する曲も聞かされていなかったので、一体なにが始まるのだろうと、周りを見回していたら、コブラは、そのエナメルの靴をステージに打ち付けるような格好で、チャーリー・パーカーの有名な曲を演奏しだした。
意外な展開にとまどっていると、ハンパリが、絶妙なオカズを入れだした。その曲も知っていたし、なにも焦ることはなかったが、コブラの演奏は大変ユニークで、ワザとメロディーを天空に飛翔させるがごとく、曲の進行に新しい要素を入れつつ演奏するので、最初はどう伴奏をしていいか分からなかった。だが、曲が進むにつれ、本能的に、僕もコブラみたいになればいいやという瞬間的判断で、彼のぶっ飛びフレーズにピアノでついていった。すると、コブラがこちらに振り向き、ニヤッとしてまた新しいフレーズの飛翔を連発する。それに伴って、僕もピアノで曲のコード進行とはまったく関係ない対応をする。こんなエキサイティングなセッションは経験したことがなかった。しかもハンパリが、その曲自体のコードを正確に演奏してくれていたので、一曲で十曲分ぐらいの内容ある演奏になった。

その晩、コブラの演奏があまりにも素晴らしかったので、同じくセッションに来ていた他の管楽器奏者の出番はなかった。さながら、真夜中のギグをしている雰囲気だった。そこに加わっている僕自身も、光栄に思えた程だ。彼の演奏を聴けば分かることだが、どうやらコブラはステーツの黒人ではない。フランス領のどこかアフリカの国から来たのだろう。彼は、感性と感覚だけで音楽を創っていた。そのサウンドは、ビー・バップからフリージャズまで、そして、少なくとも僕がアメリカで聴いたことも無いような、スタイルの自由さと、己のサウンドを掴んでいるミュージシャンだけに許されるリラックスしたムードが漂っていた。

僕がピアノでどこかで聴いたようなフレーズを弾くと、コブラはニヤっと笑いながら、俺がヤッていることが分からないのかい、という表情をする。次の曲から、僕はコード進行を逸脱し、コブラのような演奏を繰り広げてみた。そうするとコブラは、ピアノのそばに来てまたニヤっとし、ブランドもののサングラスを少しずらし、「サウンド・ナイス・メーン！」などと一言いってから自分のソロに戻って行く。

結局その晩は、セッションというよりも、コブラの独壇場がいつまでも続き、明け方近く、演奏がやっと終わった。僕も客席に戻って一杯やろうと思いカウンターに行くと、化粧の半分崩れたベロニクが、僕に抱きついて来た。

「イロ、よく考えれば、あなたの本気の演奏を聴くのはこれが初めてね。ステキだったたわ」

僕は無言で白ワインのグラスを二つ注文し、ベロニクと乾杯した。

「イロ、あなたって人は、分からない人ね。最初はなんだか血迷ったアジア人とばかり思っていたのに」

「ベロニク、それも人種差別的発言だ」

「ごめんなさい、イロ、上手く言葉が見つからなくて」

ベロニクにああだこうだ言うのは嫌だったので、コブラの方へ挨拶に行った。「ヘイ、コブラ！」

「ヘイ、メン」

「今晩はセッッションの仲間に入れてくれてありがとう」

「ヘイ、イロ、サウンドナイスだったぜ。おまえはクレージーだよ。ピアノの音を聴けば分かるさ」

「どういう意味だコブラ」

「お前は調性と無調性を飛び越える力があるってことだよ。ヘナヘナのビー・バップ野郎じゃないってことさ。パリでジャズをやりたい奴、よその国からパリを目指してくる奴、大勢いるけど、皆へなちょこ野郎だ。俺は黒人として、アフリカンとして、ジャズという形式の中で吹いているが、だれのマネもしたくない。言っとくがなイロ、俺がNYに行った時もあまり変わりなかったぜ。皆黒人の誰かさんのマネだ。イロはクレージーなサウンドを持っていて、それは黒人のマネじゃない。気に入ったぜ。一緒にバンドやらないか」

「でも僕には学校を卒業する義務があるんだ」

「フォーゲット・アバウト・イット、アメリカの学校のことを言ってんだろ」

「そうだ」

「ヘイ、メン！　学校で本当の音楽を学べるかよ」

「実際パリに来て、いろんな人の演奏を聴いていると、僕はまだ学生だと思った」

「そうだろう、イロ、音楽はだれにも教えられないんだ」と言いつつ、コブラがワイングラスを手に取った。ふと、僕の終生の師の一人であるピアニストの言葉を思い出していた。クールな佇まいでその先生はよく言っていたものだ。「私はね、音楽なんか教えられないということを教えているんだよ」

時代も人種も違えども、コブラが言っていることと同じじゃないか。

「イロ、ピアノは何年弾いてるんだ」

「メイビー、ハンドレッドイヤーズ」

「グアハハハハ！」

突然コブラは膝を叩きながら、真っ白な歯を剥き出しにして笑い始めた。

「アイライクユア・アンスアー・メン！」

「コブラ、嘘をついて悪かった。正確には百二十五年だ」

コブラはまた膝を叩きながら大笑いした。強いアフリカ訛の英語で、

「気に入ったぜ、ブロー、おまえ、あのハンガリー野郎とサウンドが合うな。込みで一緒にバンドをやろう」

「ハンパリのことか」

「ハン、パリス？　奴のことはいつもハンガリー野郎としか呼んでなかった。これが奴の本名か」

「ハンパリって、僕がつけたニックネームだ。日本語でグレートっていう意味だ」

「グアハハハハ。気に入ったぜ、ブロー、ハンガリーのハンパリに話をつけてくる」

気がついたらベロニクが真後ろにいた。

「イロ、すごいじゃない、とにかくピアノを弾いておカネもらえるのよ」

「ああ、ベロニク、稼いだら何か美味しいものを奢るよ」

「私も時間があれば演奏見に行くわ」

「なんだか面白くなってきたな」

成り行きでベロニクに抱きついてキスをした。

「ヘイヘイ、イロ、邪魔して悪いが、ハンパリスもバンドに参加するってことになったよ」

「グレート！」

「仕事は俺が取る。電話番号教えてくれ」

僕に代わってベロニクがフランス語で番号を伝えた。

「ＯＫ、話は決まった。明日電話するぜ、ブロー。今日はお開きとしよう」

コブラは自分の楽器のケースを肩に担いで、店主に挨拶し、帰って行った。

20

何日経っても、コブラからの連絡はなかった。

ハンパリとあんなに毎日一緒に参加していたセッションも、その頃は、何となく途絶え気味となり、コブラからの連絡を待つ為に、ベロニクのアパルトメントでうだうだと時を過ごすようになっていった。

ベロニクが、夜になると僕の外出をいやがるようになってきたというのも理由のひとつだ。その頃になると僕も、ベロニクのことを段々憎からず思い始めており、何となく、毎晩彼女と二人きりで過ごすようになっていった。

やはり家事は僕の役割であったが、ベロニクも手伝ってくれるようになり、本格的な同棲が始まろうとしていた。

パリに来てからすでに二カ月ほどが経過していた。二月のパリは、日中もろくに陽が射さず、空には常時暗雲がたれ込め、夜になるとまた一段と寒くなった。だが僕としては、ベロニクの部屋に住めるようになってやっと心が安定してきた時期でもあり、しかも、夜出歩くにも外は寒過ぎた。ベロニクから教わった片言のフランス語で何かもそもそと言いながら、仰向けのベロニクの肢体を愛撫し続けながら、僕の知るあらゆる房事のまねごとを満遍なく施して、ベロニクとさらに密接になってゆく。語学学習に月謝はいらない。

ことが終われば、お決まりのシャンパンだ。とは言え、ベッドに入る前から、すでに相当量のワインを飲んでいた。汗だくの二人の身体をタオルで拭うと、とたんに冷気が肌を刺す。

「ベロニク、コブラから連絡がないね」

「ジュテム、イロ。そんなことどうだっていいじゃない。私は今が一番いいわ」

「どうも分からないな。僕は君の奴隷だったんだよ」

「イロのピアノ、言葉、それで私はなんだかおかしくなっちゃったの」

こういう会話の信憑性については、真剣に聞く必要があり、また一方では、その真剣さを疑ってかかる勇気を持っていないと、男というものの自尊心は崩壊する。狭い部屋には、沢山のロウソクの灯りが揺らめいており、煤けた天井を見つめていると、今は何時だろうなんて、決して思わなくなるような、一種の虚しさだけが、部屋中に広がっていた。

「イロ、コブラは信用できない人よ。電話がかかってこないことだけを言っているのではないの。アフリカから来た連中は、皆嘘つきだわ」

「またベロニクの人種差別が始まった。僕が中国人ではなく、ニホン人だということも、まだ認めてないいんじゃないの」

ベロニクはそっとうなずいて、まじまじと僕の瞳を見つめた。しばらく沈黙が続いた。口には出さないが、イロは日本人だ、とその目は訴えているようだった。それを口にしないのは、やはり白人としてのプライドが許さないのであろうか。なにがジュテムだよ。しかしこの場で、ベロニクの機嫌を損ねてはならない。何と言おうが、彼女は大切な通訳兼僕の女だ。ベロニクのシャンパングラスにお代わりを注ぎながら、こう切り出した。

「とにかく、明日の夜はサンセットに行ってみよう。もちろんハンパリも誘ってさ。ベロニクも一緒に来ない？」

「ウエー、明日は子供にピアノを教える日だわ」

「フランスには、夜中にピアノを習う子供がいるの」

「いないわね。イロの言うとおりよ」

「じゃあ、一緒に行こう」

21

翌日午後に、ハンパリに電話をしてみたら、何やら言葉に元気がない。理由を聞いたら、アコーディオンが故障し、今修理に出していて、その修理代に払う金が全くないという。それでハンパリも、僕がベロニクといちゃついていた一週間、セッションには行けなかったそうだ。

「そのアコーディオンはいつ修理が終わるの？」

「イロ、それが明日なんだ。そしてオレは一文無しさ」

多少自嘲的になっているハンパリをなだめた後、二人で何か策を考えようということで一致した。

「とにかく会おうよ。何フラン必要なんだ？」

「一万フランは必要だ」

大金だ。

その日はなぜか、ベロニクはコンセルヴァトワールには行かずに、今度開くリサイタルとやらの練習をしていた。曲はラヴェルの『亡き王女のためのパヴァーヌ』であった。コブラは、ハンパリと込みでないと、僕のことを雇わないような気がしていた。しかし、初期投資としても、一万フランは、僕の貸せる額ではない。

「ベロニク、ベロニク！」

「うるさいわね、練習中よ。邪魔しないでよ」

「頼みがある。一万フラン貸してくれ」

「ウララー、そんなお金はないし、なぜあなたに貸さなければならないのよ」

「ハンパリのアコーディオンが壊れて、修理代が必要なんだ」

「私は今度のリサイタル、自費で場所を借りて演奏するんだわ。お金がないのはこっちの方よ、プリュス、今日の子供レッスンは練習する為にキャンセルしたの！」

「ベロニク……」

「……？」

「そこの左手の音、間違ってるよ」

「そうかしら」

「いや、この曲、ラヴェルの有名な曲でしょ。僕も高校の時弾いたことがあるから憶えている。そこが半音上じゃないと、ドミナントの音にならないよ」

「ウーッ！　イロ！　ウァットユアプロブレメ？　この音楽は、私たちフランス人のものよ。文句をつけないで。イロ、ジャズは上手いかもしれない。でも私の演奏にはケチをつけないで！」

「いや、本当に間違っているから。リサイタルで指摘されるより、今直した方がいいと思って。譜面をもう一回見てごらんよ」

瞬間、親切が仇になったと思った。フランス人の演奏するラヴェルの曲に、ニホン人がケチをつけた。僕の思い違いであってくれと願いながら、何か言おうとしたら、ベロニクは件の曲を譜面で調べている。

「何と言うことでしょう。イロの言う通り。ウララー」

「ああ、僕この曲大好きなんだ。だから憶えてて……」

「私、コンセルヴァトワールで教えてるのよ……」

「ああ、知ってる」

「ああ、知ってる。あ〜あ知ってる。英語の上手なジャポネ。ラヴェルも知ってるジャポネ。ジャズも上手なジャポネ。何でも知ってるジャポネ」

「ベロニク、あの……」

悪気はないって英語で何と言うんだっけな。待てよ。たとえ英語で言えたとて、ベロニクはその単語を知っているのか。通じたとしても、彼女のやり場のない妙な怒りの特効薬とはなりそうにもない。

「イロ……何が言いたいのよ」

「やあ、リサイタル前に、間違った音が見つかってよかったじゃないか」

「そう、よかった。でもよくない気もする」

「フランス人って、そういう言い回し好きだよなあ。私の大嫌いな食べ物こそ、すごく美味しい、とか。だから、まだオレなんか、フランス語、挨拶と簡単なやり取りしか憶えられないんだよなあ」

さあどうする。話の方向を変えないと。ベロニクは、複雑な心境の中で怒っている。アメリカ人の怒りはある意味単純だ。感じていることを全て言葉にし、身振り手振りを交えながら、その怒りの尺度を明快に表す。しかし、海外に出てこの方、真剣に怒ったフランス人というものを見たこともなければ、対峙したこともなかった。だが、それを経験する時が今来ている。ベロニクは、ピアノの鍵盤を見つめながら無言だ。立場をわきまえるときだろう。要するに、お前はヒモなんだ。いや、ヒモ以下かも。どちらにせよ、生殺与奪の権は、このベロニク・ラヴィオレットという、まあまあのピアニストで、頭が良いんだか悪いんだか分からなくて、でも僕をここに住まわせてくれるということは、どこかお人好しで意地悪で、でもなんだか惚れあっちゃって、お互いがミュージシャンだから、どこか現実離れしている、このフランス女が握っているのだ。

僕は瞬間的に、ベロニクをピアノの前から放り出して、記憶の彼方からメロディーを掘り起こしつつ、ドビュッシーの「ゴリウォッグのケイクウォーク」を弾きだした。高校時代、好きだった曲の一つだ。すごくジャズっぽい曲なので、途中からメロディーの下のハーモニーは、適当なコードを押さえて、とにかく好きなメロディーのところなどを繰り返し、弾き続けた。左手のブンチャッ、ブンチャッとなる部分はもう即興である。ベロニクが突然笑いだす。

「キャハハハハハハ、デゥニース、ア！」（ステキだわ！）

ベロニクと連弾になった。段々ベロニクの弾いている音もおかしくなってくる。適当に耳で合わせて、お互いにドビュッシーの名曲をメチャクチャに弾いた。しかしそのメチャクチャさの中でも、お互いが譲らない何かがあって、僕が弾くジャズのフレーズに、ベロニクは、クラシック的アプローチで応えてくる。それを続けていたら、演奏を終わらせることができなくなってきて、ベロニクが叫ぶ。

「ジュスイファティゲー！」（疲れたわ！）

気がついたら、二人かたく抱き合って、床の上をごろごろ転がっていた。ベロニクは首を反らせて、大声で笑い始めた。

寒かった。でもベロニクの身体は猛烈に熱かった。キスをし、転がり、ベロニクは笑い続ける。

「キャハハハハハ！　キャハハハハハッ！　ビアン！」

その日は夕方からワインのボトルを三本ぐらい空けて、なぜか二人とも素っ裸となり、マントのように毛布をまとって、互いにピアノとじゃれあい、それに疲れると、二人してベッドにダイブし、ゲラゲラ笑いながらお互いの身体を玩び、またそれに飽きると、再びピアノを弾き合った。

夜になり、少し疲れてくると、またベッドの方に戻り、今度はゆっくりとした愛の交歓をした。灯りはロウソクのみ。ベロニクの彫りの深い顔が、鼻梁の左側に、ピノキオみたいな影を落としていた。二人とも何も言わなかった。言う元気もなかった。

煙草を切らせていることに僕は気づいた。まだこの時間でも煙草を売っている、ベトナム人の雑貨屋みたいなところを知っていたから、起き上がり、外に出る為にコートを羽織った。

「イロ？」

「煙草を買ってくるだけさ」

「銘柄は？」

「僕はジタンが好き」

「二箱買ってきて」

無言でドアを開け、階段を下りる。すごく酔っている自分に気づく。階段がおりられない。薄暗い階段の廊下の壁に手探りで、ゆるゆると、一段一段踏みしめる。だが、二階まできた時、足を滑らせてしまった。ものすごい勢いで通りの道まで転がり落ちる。そこでゴミの缶などをひっくり返したので、ものすごい音が、深夜のフェカン通りに響きわたった。ゴミの缶の下にいたネズミがパッと散ってゆくのが一瞬見えた。総毛立ったが、見なかったことにして、立ち上がる。


ベロニクはドアを開けて僕を待っていてくれた。

「すべったの?」

「ああ、少し」

「なんだかものすごい音がしたのよ、イロ、何かあったんじゃないかって思って……」

僕は無言で暖かい部屋に入り、身体をベッドの上に投げ出すと、背中や腕の骨がみしみしいった。少しずつ身体の妙な部位からじくじくとはみ出してくるように痛む。こういう時にこそ煙草だ。ベロニクがマッチで火をつけてくれた。ジタンの煙を周りの冷気と共に吸い込む。珍しく頭がくらっとする。

「アタシの分は?」

「ジューブリエダシュテ」(忘れちゃった)

「あら、フランセうまくなったわね。あなたのを頂くわよ」

ベロニクもマッチで煙草に火をつける。その姿がいやに堂に入っていて、ちょっとはすっぱな態度をとることのあるベロニクには、お似合いだった。

その夜、二人とも、一言も喋らなかった。煙草をベッドサイドで一緒に吸う以外、寝具に包まれて、二人ともまんじりともせず、只々お互いの目を見つめあっていた。

深夜、うつらうつらしていたら、何時頃だったろうか。電話が鳴った。

「ウエ！」とベロニクが叫びながら、受話器を取る。

「ウエッ、ウエー、ダコー、アンナンスタン（ちょっとまって）コブラ？　イロ？」

黙って差し出された受話器に耳を当てると、コブラの声がした。サンセットなどで浮かれているコブラとは、全く違う声色がそこにはあった。受話器のマイクを振動させるような野太さと、同時になぜか妙な静けさをその声は兼ね備えていた。

「ヘエイ、ジャポネ、仕事が決まったぞ。クリシーでリハーサルをやる」

「ピアノはあるのか」

「オレのフェンダーローズを仲間に運ばせる。心配すんな」

「ハンパリのアコーディオンが壊れた話を聞いた？」

「いや……まだだ」

「ハンパリがいないと、バンドのサウンドが違っちゃうんじゃないかな。コブラはどうするつもり」

「そんなこと、オレがリーダーだから面倒を見る」

「じゃあ、ハンパリにそのことを早く伝えてくれ。あいつ喜ぶよ」

「いいから、お前のキャロンデュルエに代われ」

「何だって？」

「お前のスケに代われと言っただけさ、イロ」

再び受話器を取ったベロニクは、詳しいクラブの住所や、行き方などをメモしているようだ。また僕に代わるのかと思っていたら、電話は切れてしまった。

気がついたら、ベロニクはバスローブを羽織り、窓の外を見ながら、再びジタンに火をつけていた。

「イロ……」

「ケスクセ？」

「アフリカ人がどうのじゃなくて、私嫌な予感がするわ……」

「僕にどうしろというの？」

「心配かけないで、イロ……。明日三時にリハーサルスタートですって」

22

クリシーに行く為、ミッシェル・ビゾ駅に向かう。八号線に乗って行けば、サン・ラザール駅まで一本で、そこから三号線に乗り換え、ラ・フーシェ駅に降り立つ。ここまでは地図を何とか解読できたが、そこからの行き方は、あのベロニクの杜撰な性格をそのまま書き写したロールシャッハテストのような文字のために、皆目見当がつかなかった。だが行き先の住所だけは判読できた。それが読めずとも、そこら辺の人にその住所をみせて、右と左に指を動かせば良い。笑顔も忘れずに。

かろうじて読めた通りの名に、アヴェニュー・デ・クリシーというのがあったから、その道をすぐ探し出し、パリ中心部とは反対の方向に歩き出した。なんだか新宿の歌舞伎町のようなところだった。鳥打ち帽をかぶった青年が腕を組み、くわえ煙草を吹かしながら、じっとこちらを見ている。フランス人に限らず、ラテン系は濃い眉毛に少したれ目。実際今まで見てきた市井のそういう連中は、元々たれ目だから、こちらを快く思っているのかいないのか、判別が難しい。だからあまり人の顔を見ないように、マフラーに顔を埋めつつ、こちらの方だと思う方角にさっさと歩を進めた。先に行けば行くほど、アラブ系、アフリカ系が多くなってきた。皆寒い中で、故国の民芸品やら、カラフルな布、絨毯などを、あるものは店で、あるものは歩道に並べて、商いをしている。その合間を縫うように、人類が生み出した最初の仕事である、売春宿のようなものが見え隠れする。こういうところにスリは多発するものだ、と知っているということは、こういう場所に慣れているということだと考えることにした。

何とかメモをたよりに、人に道を聞くこともなくたどり着いたそこは、クリシー通りから右に曲がったところにあった。三階建てのどうということもないコンクリートの建物で、パリも中心街を離れると、段々と風景自体、殺伐としてくるようだった。早めに出たので時間も三時前。入り口にブザーが一つしか無かったから、押してみたら、しゃがれ声の男の声がした。

「ウエー、ケスキ?」

「ジュマペルイロ、コブラ、モナミー、オープン」

しばらくして、じゃりじゃりという鍵束の音がした後、錠を三つも開けただろうか、黒人の男が暗闇から現れ出た。身振り手振りで早く中に入れという。

「プリーズ、アフタユー」と言って、その男の後を、二メートルぐらい間隔を空けて中に入った。こんな見ず知らずの土地で、見ず知らずの建物の中に、率先して、ああそうですかと先に入るほど僕もお人好しではない。

案の定、中は暗く、音楽をリハーサルする場所には到底見えなかった。廊下の左側に、いくつかの鉄の扉があり、その中のいくつかは開いている。通りすがりにちらっと中を見やると、なにやら何人かの黒人が、コンクリート打ちっぱなしの床に寝転んだり、聞き覚えのない言語で話し合ったりしていた。

ここは何のための場所だろう。それにしても、途轍もなく長い廊下だった。工場跡地か、倉庫だったのか。廊下の幅も広い。先に歩く黒人の男から目を離さず、四方の気配を感じながら歩いていたら、いきなり明るい空間に出た。

そこはだだっ広い、やはりコンクリート打ちっぱなしの空間で、真ん中に大きな柱があり、奥に、ドラムセットとウッドベースが用意されていた。そして、白人の若い男が二人、煙草を吸いながらこちらを凝視していた。二人とも見覚えがある。いつだったか、サンセットにて一緒にセッションした連中だ。

彼らに近づこうと思ったその瞬間、柱の陰からコブラが姿を現した。芝居がかってるよ、コブラ。

「エーイ、イロ、待ってたぜ」と、例のアフリカ訛の強い英語で僕を歓待し、きつくハグした。

コブラは、柄の入った革のジャケットとパンツにピンクのスカーフという姿。服装だけ見れば、日本のチンピラ以下だが、コブラが着ていると、やたらと似合う。

「ハンパリスはまだ来ていない。先にこの二人を紹介しよう。ベースのアラン、そしてドラムのピエール」

「ハウアーユー？」

いきなりそのドラマーから英語で挨拶された。それもイギリス人みたいなアクセントだった。だが出で立ちは、典型的なラテン顔、つまり眉濃くたれ目。

「サヴァ？　ジュマペルイロ、ハロー」

「僕とは英語でＯＫだよ」

「ああ、助かるよ。どうしてそんなに英語が上手なんだ？」

「母さんがイギリス人だ」

「アランは友達？　紹介してくれる？」

ピエールが何か言う前に、アランが僕の前まで歩み寄り、僕より背が高いのに、なぜか上目遣いで僕に無言で握手を求めてきた。典型的金髪碧眼。

「さて諸君、ハンパリスを待つまでもない。早速始めよう」

そう言うや否や、コブラは何かの曲なのか、メロディーを吹き始めた。アランとピエールがすかさずそのメロディーに音を差し込む。僕がおろおろしていると、コブラがアルトサックスから口を離して吠えた。

「イロ！　あそこにローズがあるだろう。あそこ以外に、お前の行き場はない筈だ！」

実際その空間には、曇りガラスがいくつかあり、件の廊下よりも明るかったが、やはり通常のリハーサルスタジオよりは薄暗かった。その一番陰の部分に、信じられないぐらいオンボロのフェンダーローズが鎮座していた。どのくらいオンボロかと言うと、鍵盤が波打っている、とでも説明すればもう充分だろう。

薄暗い先を透かして見ると、譜面台には奇妙な譜面が乗っていた。五線紙の二段を使い、大きなト音記号が書いてある。この譜面はいったいどうやって読んだらいいんだ？　それに、音楽記号を使わずに、多分、最初に戻れとか、二回目はここから、などの指示が、フランス語で書いてあった。僕はフランス語が読めないし、読めたとしてもこの薄暗さでは、どうにもならない。しかし、メロディーのタマだけはやたら大きく書いてあって、リズムもそう複雑じゃない。何度かコブラのメロディーや、ベース、ドラムの演奏していることに耳を傾けているうち、仕組みが分かってきた。コードも振ってあったから、メロディーラインに従い、僕も少しずつ演奏に参加してゆく。

当然これはコブラのオリジナルで、見たことも聴いたこともない独善的音楽体系に基づいて書き著されたものだった。これは、僕が学校で教わっていたものとは全然違ったもので、逆に非常に新鮮で、いろいろなアプローチを楽しむことができた。僕のソロの番になった。信じられないくらい歪曲した何かの中に、また信じられない程真っ直ぐなものを突っ込むような気分でソロをしたら、サウンドナイス、とコブラが声をかける。

次から次へと、何の説明もないまま、曲が進んでゆく。いろいろなタイプの曲があったが、総じてコブラの音楽体系で創造されたものだった。小節線の無い曲もあったが、ドラマーが上手いことそこにビートを挟み込んで流れるように演奏してくれたので、特に問題は生じなかった。

何曲続けて演奏したのだろうか。暖房設備もない、なんだかよく分からない場所で、最初は薄ら寒かったが、リハーサルが中盤に入ってから、皆汗だくとなった。一曲終わりマフラーを取り、一曲終わりコートを脱ぎ、といった調子だ。部屋中に野性的なムスクのような臭いが充満していた。言うまでもない、これはコブラの身体から発散されたものだった。コブラの音楽が、大気中で結晶したようにも思えた。

23

突然、「テイクア、ブレーク！」と言うコブラのかけ声と共に、リハーサルはストップした。コーヒーも水もその場所にはなかったから、僕はアランとピエールと煙草を吸うことにした。

「ヘイ、アラン、サウンドナイス！」

彼は僕の顔を見てニコッとしただけで、無表情になってしまった。

「ピエール、アランは英語を喋るのが嫌いなのかな？」

「どうかな、無口な奴だっていうことだけは知っているよ」

そんな会話をしていたら、そこに凍え死にそうな顔色をしたハンパリがやってきた。

長い廊下を歩いてきたにもかかわらず、誰にも靴音は聞こえなかった。しばらく会っていなかったハンパリは、相当痩せて見えた。それが理由で靴音までしなかったのか。ハンパリが突然叫び始める。

「ああ。オレの楽器が、オレの楽器が、なおったぞ。なおったぞ！」

フランス語だったから、分からなかったが、多分そう言ったのだろう。推測でまわりに起こっていることを何となく感知していくしかない。だが、アコーディオンのケースを撫でさする姿を見れば、誰にだって察しがつくことだろう。

そしてまた、ハンパリは叫び始めた。

「コブラ！　お前はなんて優しいんだ。オレの楽器の修理代を出してくれるなんて。信じられないよ。さあ、オレに、君をハグするチャンスをくれ」

フランス語の早口なんか僕に分かる筈がないが、言葉より彼の身振り手振りが、そんなようなことを言っていることを如実に物語っていた。思った通り、コブラは笑みを浮かべてはいたが、体当たりしてくるハンパリの身体を受け止めざるを得ない。ここで一件落着かな?と思っていたら、コブラは、その笑みを崩さず、何やらハンパリに言い含めているらしい。多分何故遅刻したのか、とか、このリハーサルがどんなに大切か、とか、パリの地理に疎いイロさえ時間通りに来たんだぞ、とか、文句を言っているようであった。

ハンパリは時々、「パスキューアー……」（だけど……）などと言い訳を挟む隙を狙っているようであったが、どうもコブラの方が役者が上らしい。ハンパリはうなだれてしまった。気まずい雰囲気を変えようと思って、僕はハンパリに声をかけた。

「ヘイ、ハンパリ、ハウユードーイング？　楽器がなおったようで、良かったじゃないか」

「ヘイメーン、イロ」

僕に対して力ないハグをして、また黙りこくってしまった。僕は心の中で、早くケースからアコーディオンを出して、何か弾いてくれと叫んでいたのだが、その気持ちはハンパリには伝わらなかったようで、彼はケースさえ開けようとせず、ただ呆然としていた。どういう会話があったのか、詳細までは分からねど、多分彼の闖入の仕方が、その場の緊密な雰囲気を崩したのだろう。僕をのぞくその場の全員が、フランス語で何やら刺のある言葉で、話し始めたのだからたまらない。僕は僕で手持ち無沙汰となって、もう一本ジタンに火をつけ、今度はゴロワーズでも買ってみようかなあなどと、周りとは全く関係ないことを考えていたら、自然消滅的にリハーサルは終わりになってしまった。聞けば、ハンパリはコブラの曲を概ね知っているとのことであった。いずれにせよ別に僕が心配することじゃない。

皆でぞろぞろ外に出てみると、もう暗くなっていた。次の仕事の曜日と場所は聞いた。もう帰るだけだった。ベロニクは今日コンセルヴァトワールに行ったのだろうか。

「アラン、イロを家まで送ってゆけ」

アランはまたも無表情でうなずいて僕の顔を見た。このぐらいのフランス語なら分かる。


アランの車はイカしていた。オールド・プジョーだ。黒塗りで、存在感ばっちりで、ピカピカだった。ラヴェルの愛車はプジョー二〇一。そのことをアランに伝えようとしたが、アランは全く英語を解さないのか、もしくは喋りたくないのか、とにかく取りつく島がない。この車をきっかけにして、彼との仲を縮めたかった。

「アラン！」

「ウエーッ？」

「クールボワチュール！　プジョーヴァンタージ、ノー」（格好いい車だね、ヴィンテージだろう？）

「ダコーッ。ペラペラペラ……」

フランス語は分からなかったが、話にのってきただけでもよい。

「ジュムルコンポジトゥール、ラヴェル。イレメレプジョーオシー」（ボクは、ラヴェル、好き。彼もプジョーが好き）
「カーナンバー?」
「クアトルサン　アン」（四〇一）
「シュペアー!」（イカシテル!）
言うや否や、初めて僕の顔を見て微笑んだ。

アランの車は、どこともしれぬ大通りにものすごい勢いで飛び出した。後ろに積んであるソフトケースに入ったウッドベースがヴァンピングしている。アランはそんなことにおかまいなしであった。「イローッ」「ケス?」「アダレス?」「スタション、ミッシェル・ビゾ」の近くだと言う隙を与えず、アランは三速ベタブミで、あっという間に首都高のようなハイウエイに彼のプジョーを走らせていた。
後から知ったことだが、このパリ市外を一巡するハイウェイはペリフと呼ばれており、地上を走る首都高のようなものである。僕も学生時代、よく首都高を何週もレースしたものだが、このペリフ、直線が少なく、高低が激しく、出口や入り口が突然現れる構造だ。

しかも道を照らす明かりはなぜか暗く、しかも激しい雨が降ってきていた。だが驚いたことに、この天気にもかかわらず、ペリフを走っている車は皆カーレーサー並みの運転をしていた。その中でもアランの運転テクニックはずば抜けていた。ヒールアンドトーなどを駆使しながら、どんどん前の車を追い越して行く。彼の顔には薄笑いが浮かび、時々他の車に毒づきながら、車はぐんぐんとスピードを上げて行った。

「ヴーレブーコンデュリア?」（何?）「ケス?」「ユー・ワント・ドライヴ?」

アランが初めて英語らしきものを喋ったからびっくりしたが、僕は何と答えていいか分からない。ここはある意味命がけで承諾せざるを得ないだろうと思った。

「ウイー、ウイー!」

答えた瞬間、更にスピードが上がった。雨の夜のハイウェイ。ワイパーだってヴィンテージカーだからろくな働きはしていない。白熱灯と、オレンジ色の明かり、前方の車のブレーキランプの赤、それらが全て滲んで見えた。

「フェッタタンション!!」（気をつけろ!!）アランは悪態をつきながら、すれすれの車間をすっと抜いたと思ったら、目の前にカーブが現れ出る。車のリアが右側に振れたが、アランはそれを利用して、車を斜めの状態で真っすぐ走らせている。そして直線になった時、車体を真っすぐに戻した。お見事としか言いようがないが、同時に生きた心地もしなかった。

どうもアランの頭の中には、オカマを掘る危険性というものが欠如しているらしかった。しかし、少し経ってくると、周りの車も如何に前の車を追い越すかということしか考えていないことが分かってくる。アランは車を追い越しては、次の車との車間を詰める。

「アレー！　アレー！」アランが叫びながら、追突しそうな勢いで前の車との間に滑り込もうとする。突然陸橋の下に入ったかと思うと、すぐに抜け出したので、ザッと雨をかぶるような状態となり、一瞬前が見えなくなる。コイツらフランス人、やはり遊牧民の末裔で、馬に乗っていた歴史の上で、車を運転しているということか。アランはことも無げに前の車とその横の、いかにも走り屋です、改造してます風の車の間に割り込む。三台鼻を並べての、賞金も何も出ない、ただ男の意地だけがご褒美です、のレースが再び始まった。しかし一瞬で、そのハシリ屋風情の車は、アランの車を追い抜いて、たちまち夜のハイウェイの先に消えて行く。無言でハンドルをバンと叩いてアランが悔しがる。

こういった状態で、いったいペリフを何周しただろうか。アランはやっとインターチェンジらしきところから高速道路を降りた。しかしその後も、狭いパリの道筋を疾走してゆく。そのスピードは、周りの景色が茶色い一つの壁に見えたくらいだ。駅前に着いた。

「レフト、ライト、アイドンノー」。僕の顔を見ずにそう言うアランに対し、「メルシ」と一言挨拶して、彼の車を抜け出し、大雨にぬれながら、ベロニクのアパルトメントに帰った。

ずぶぬれで帰ってきた僕をベロニクは起きて待っていてくれた。ドアベルを押す前にベロニクが飛び出してきて、僕に抱きついた。

「イロ、イロ、寂しかったわ。待ってたのよ。リハーサルが終わったら電話ぐらいするものよ」

「その公衆電話のかけ方がよくまだ分からないんだ」

「さあ、中に入ってちょうだい」

ベロニクはバスローブ姿で、裸足だった。きっと寝ていたんだろう。

「眠いんだろうベロニク、寒いから、早くベッドに入った方が……」と言いかけたら、おもいっきりベロニクに胸ぐらを掴まれて、狭い居間を引きずられ、ベッドに押し倒されてしまった。

「ベロニク、待ってよ。僕はまだコートも脱いでいない……」そんな発音の悪い英語などどこ吹く風と、ベロニクは僕の着ているものを剥ぎ取って、何だかフランス語でぶつぶつ言いながら、僕をパンツ一丁にしてしまった。「ジュディテステジャポネ！　ジュディテステジャポネ！」（私は日本人なんか大嫌い、大嫌い！）日本人を嫌いだと言っているくせに、バスローブの下は素っ裸で、いつもと違う香水の匂いがした。「ベロニク、香水を変えた？」と言う間もなく唇をふさがれ、日仏戦争が始まった。

24

だいたい最初から、コブラが探してくる仕事に何も華やかなものは期待していなかったが、案の定、コブラのとってくる仕事は、パリ郊外の仕事が多く、最初の演奏場所は、サンドニという街だった。地下鉄の地図を広げてみれば、ミッシェル・ビゾの正反対のパリ郊外にあり、いったいどのくらい時間がかかるか分からなかったが、ベロニクにおおよその時間を聞いて出発した。

パリの地下鉄は、がたがたと揺れて乗り心地が悪いのに、なぜある種の情緒を醸し出すのだろう。ブレーキや車両の発進時に東京の地下鉄では思いもよらない大きな音がするのだが、これがパリ名物かどうかは別にして、救急車や、パトカーのサイレンと同じく、どこか間抜けな機械音が鳴り、ドアが閉まる瞬間も、まったく音程の分からない音が響き渡る。車内は、いろいろな人種が思い思いの服装でうつろな目つきで、洗練されたデザインのポスターなどをぼんやり見ている。とにかく、サンドニまでたどり着くまで、そのようなことを考えていないと、間が持たなかった。

サンドニ駅を降りてみると、そこはパリの郊外と知ってはいたが、あまりの雰囲気の違いに少し驚いた。建物は三階以上のものは少なく、どう見てもスパニッシュ系、後はなんだかわけの分からない男達が徘徊しているような街だった。NYの危険地帯と同じレベルのデタラメさがそこにはあったが、パリ中心部とはまったく違った種類の活気があることが救いだった。

渡された住所にたどり着いてみると夕方となっていた。その店は、ジャズクラブでもなんでもなく、ただの酔っぱらいが、安くどれだけ酒が飲めるかを求めて集まる普通のクラブなのだということは一目見て分かった。だが、奥の暗がりにフェンダーローズが置いてあったので、演奏場所を間違えてはいない。

クラブの中に入りカウンターに座る。物怖じしていてもしょうがない。周囲を窺っていたら、コブラがどこからともなしに現れた。

「エーイ、イロ、よく場所を探し出したな」

何と蛇皮のようなスーツを着ている。

「演奏開始は何時からだい？」

「そんなもん、決まってない。客が集まって、盛り上がったら演奏開始さ」

僕は赤ワインを注文した。演奏前には飲まない主義だったが、こんな環境で、しかもいつ演奏が始まるか分からない状況で、しらふでいるのはつらかった。

コブラの一言で、飲み物は一瞬にしてタダの液体に変貌した。このジャポネにはタダで飲ませろという有り難いお告げをバーテンダーにしてくれたのだ。

客層はほとんどが黒人とスパニッシュ系、後は人種さえ定かでないわけの分からない飲んだくればかりだった。

「イロ、楽屋で演奏開始までリラックスするか？」

妙に優しいコブラに違和感を感じつつ、店の奥にある二階の楽屋に連れて行かれた。裸電球がぶら下がっただだっ広い部屋の中には、胸まで伸びた髭のオヤジと、アンディ・ガルシアばりのハンサムな男が、テーブルを挟んでワインを飲んでいた。

コブラは僕をガルシアに紹介した。ガルシアの名はジャンだ。そして一方の詩人風の髭長オヤジが、顔を赤くして何かジャンに訴えている。フランス語なので意味は分からなかったが、怒り狂っていることには間違いない。ジャンは薄笑いを絶やさずそのオヤジを凝視していたが、突然立ち上がると、その髭長オヤジに至近距離からボディブローを食らわせ、さらに思いっきり蹴っ飛ばした。髭長オヤジは、勢い余ってドアの向こうにもんどりうって倒れ込んだ。

ジャンは用心棒なのか。何であの髭親父を突然蹴っ飛ばす必要があるのだろう。まあこういう時は、己に被害が及ばない限り、見て見ぬ振りをするのが一番だ。理由なんてどうだっていい。銀座のナイトクラブ時代に学んだ夜の学校の第一章だ。向きなおったジャンは、今度は僕の方に歩み寄ってきた。にやけていた。そして、強いフランス語訛の英語でこう言った。「コブラのバンドに入ったんだってな」「ああ」「気をつけな」「ああ」「明日も演奏するんだろ」「聞いていない」

そのうち、アランとピエールも姿を現し、いつでも演奏できる態勢となったが、突然コブラの姿が見当たらなくなった。

「アラン?」

「ウイ…」

「あー、レイトニュイ、ノーメトロ、ミッシェル・ビゾ、OK?」

「アーウエウエ、ダコー……」

「オレに訳させろよ」

ピエールが割って入った。

「英語ならまかせてくれ。ヒロの言いたいことはオレがそばにいる限り、不自由はさせないから」

「サンクス、ピエール。でも今夜はもう帰りの足は確保できたようだ。だけどコブラはどこに消えちまったんだ」

「奴ならトワレットにいるよ」

「何してるんだ。ピピ(小便)だったら長すぎる」

「ピピなんかしてるもんか。デュラガム(隠語で麻薬)をたっぷり楽しんでんだろう」

ピエールとお喋りしていたら、楽屋のドアが開いて、俳優のリノ・ヴァンチュラを更に凶悪にしたような人相の男が入ってきた。ものすごく高そうなスーツを着ている。その男の発散する匂いがあまりにも銀座のナイトクラブのその筋の者と一緒なので、思わず心の中で苦笑した。ギャングだ。不思議なもので、銀座でもパリでも、そのスジの者は同じ匂いを発散している。

「ピエール、ここデインジャラスだね」

「そうでもないさ。演奏して帰ればいいだけだよ」

そうこうしているうちに、階下の方からコブラのアルトサックスの音が聴こえてきた。いつの間に階下に行ったのか。どうあれ演奏開始ということか。アランとピエールと共に楽屋から飛び出した。

ステージに行ってみると、コブラは伴奏なしで、何のおかまいも無く一曲目の演奏を始めていた。薄暗いバーの奥を良く見ると、そこにはハンパリが居て、コブラのソロに伴奏を付け始めていた。さあ、演奏開始だ。ものすごく音楽的に高度なことを演奏しているのに、そのバーの客は誰も我々の演奏を聴こうとはしていなかった。しかしバンドのサウンドは、その一回目のギグによって半端のない成長を瞬間瞬間上り詰めるような演奏をした。すごい！　これだけのことが演奏できれば、演奏場所さえ選べばものすごいことになると僕は思った。

コブラはインターミッションを入れずして、二時間以上、吹いて吹いて吹きまくった。我々もそのサウンドを完璧にサポートした。オンボロなフェンダーローズピアノでさえ、バンドのサウンドの中に、ある一定の効果を発揮できる演奏ができた。

気がついたら時間は午前二時を過ぎ、我々は演奏を終えた。店側が止めろと言ったんじゃない。コブラの様子がおかしくなったからだ。それまですごい演奏をしていたのに、急にアルトサックスのサウンドがヘロヘロになり始めた。ピエールがリズム隊に目配せをしてチェーサーを短く演奏をして終了し、我々は楽屋に引っ込んだ。バーから楽屋までの廊下には、ありとあらゆるゴミがうずたかく積まれていることに、そのとき初めて気がついた。

コブラと一緒に楽屋のドアを開ける。リノ・ヴァンチュラもどきは、どこかに電話をかけていた。アランがどこからかワインのボトルをくすねてきた。コブラ、ピエールと共に僕も含めてそのワインのボトルをラッパ飲みしながら人心地つける。気がついたら外は極寒なのに汗だくだった。

「なあ、コブラ、今晩のギャラはいくらだ、今払ってくれるんだろうな」

「ヘイ、ジャポネ、今ジャンに話をつけるからまっていろ」

そういうコブラの目の玉は、アルコール以外のもので焦点が合っていない。ジャンがギャラを払う役目であるとその時知った。すると突然、ハンパリが急に楽屋を飛びだし、トワレットに突進した。いったいここはどこだ？　俺はここで何をやっている？

「ヘイ、ブラザ、ギャラは後日払われることになった」

コブラが大きな体をぐらぐらさせながら、ジャンに話をつけてきたようだ。誰も文句を言わない。

「ヘイ、コブラ、あの男がギャラを払う係じゃないのか。オレは今カネが欲しい。交渉してくれ」

「イロ、後日払うと言っただろう」

「イヴェントでない限り、ギャラはその日にもらわなければいけないと、オレはそういう世界で生きてきたんだ。ピエールもアランもハンパリもそれでいいのか」

誰も何も言わなかった。

「確かにオレは学生かもしれない。だけどその前は、東京でプロだったんだ。そこで教わったことは沢山あるが、今晩のような仕事は、今この場でカネを払うのがスジだ。コブラ、払えないんだったら身銭を切ってくれ。だいたい今晩のギャラはいくらなんだ？」

一瞬の後、今度はコブラがトイレに直行してしまった。

「ピエール、ジャンとかいう奴に言ってくれよ。今晩のギャラを払えって」

「それはできないんだ」

「どうして」

「なあヒロ、今晩はここでお開きにしよう。コブラがあの状態じゃ話にならない」

悔しいがピエールの言う通りかもしれなかった。いくら待ってもコブラがトワレットから戻ってこない。裸電球の下がったテーブルの方をちらりと見ると、凶悪顔の、リノ・ヴァンチュラとジャンが、机の上の沢山のフラン札をのろのろと数えていた。僕は、アルコールの勢いで二人の方に近づいていった。ジャンは英語をしゃべったのを憶えていた。

「エクスキューゼモア・ムッシュ、英語は喋れるんでしょ」

アンディの方が顔を上げた。

「コブラのことは知ってるんですか」

「ウイ」

「今晩のギャラを払ってもらえませんか。あなた達、このクラブの関係者でしょ。いくらでもいいから少し金を払ってもらえませんか」

そこで初めてヴァンチュラの方が僕の顔を見た。話しかけた後に、僕はなぜ自分がここまで大胆な行動をとることができるのか、ということの方に意識が集中してしまっていた。自然と言葉が途切れる。東京のギャングは上層部になればなるほど、いきなり無茶はしないことは分かっていた。しかし、さっきの髭のオヤジに対するジャンの扱いが、頭にこびりついていた。

「コブラには気をつけろと言ったろ」

「ああ」

「カネは渡せない」

僕はアランとピエールの方に振り返り、彼らの目をじっと見た。君たちの方が勿論のこと、フランス語が堪能なんだし、ここで助け舟を出すのがバンド仲間というものではないのか。しかし、二人とも微動だにせず、じっと僕を凝視している。要するに使えない奴らだということだ。

「コブラがトイレから出てこない。バンドのギャラなんてどうでもいい。だが僕だけでも今夜の演奏料が欲しい。そういうふうに今までやってきたんだ。いくらでもいい。ギャラを払って欲しい」

「ヘイ、ジャポネ、名前は何だ？」

ジャンが札束を数えながらわざと僕を無視するかのように聞いた。

「イロシ」

「いくら欲しいんだ？」

「コブラにギャラの金額を聞き損ねた。いくらでもいい。僕にいくらか払ってくれ」

ジャンは五百フラン札を十枚僕のポケットにねじこんだ。「イロシ、明日もここで演奏することが条件だ」

「要望は嬉しい限りだが、僕の演奏したフェンダーローズはコブラのものだ。コブラからは何も聞いていない」

「今すぐ帰んな、後の話はカカをし終えたコブラと相談する」

少ないギャラをピエールとアランとで分けて、ミッシェル・ビゾ駅あたりまでアランに送ってもらった。アパルトメントに帰ってみると、ベロニクはへべれけになっていた。もう酔っぱらいはたくさんだと思いつつ、自分もひどく酔っていることに気付き、なぜだか天を仰いだ。

全てがいたたまれなかった。もうちょっとちゃんと仕事がしたかった。今晩のあれは何だ。演奏の初めも終わりもだらしなく、バンドリーダーはてんでリーダーらしくない。音楽的なことで辛い思いをするのは初めから覚悟の上だ。しかし今晩のあれはいったいなんだ。

「ベロニク、いま帰った」

「ウララー、コブラはギャラを払わなかったでしょ」

「どうして分かるのかな」

「あいつはそういう男よ」

「僕は店と交渉して、他のメンバーの交通費程度を店から払ってもらった」

「何ですって」

「だからコブラからじゃなく、店からいくらかもらったんだ」

「あんた、ああいう店の連中のこと知ってるの」

「ギャングだろ」

「あんた頭がおかしいわ！　二度とそんなことしないでちょうだい」

「まあいい。終わったことだ。ワインある？」

「ふん、へべれけなクセして」

「ベロニクだってまだ飲みたいんだろ」

「このいけ好かないジャポネが！」

彼女の言うことを無視して、ベロニクの用意したワインをまた飲み出した。

25

次の日の午後、ひどい二日酔いで目が覚めた。ベロニクはいなかった。学校にでも教えにいったのだろう。季節は段々春になってきているというのに、外はまだ薄ら寒かった。ベロニクの部屋にも隙間風が入る。まあ、隣の物置に寝ていた時よりは天と地の差ではあったのだが。

しばらく部屋でぼーっとしていたら、急に電話が鳴った。瞬間的にコブラだなと思った。僕の直感は当たっていた。

「エイ、イロ、ボンジュール」

あのいつものニカニカ顔からは想像を絶する、深く低い声が受話器から伝わってきた。と同時に、こちらに何らかの恐れを感じさせる威圧感さえあった。

「ボンジュール、コブラ、今日はブラザーとは言わないんだな」

きっと機嫌が悪いのだろう。この直感も当たっていた。

「イロ、おまえジャンからカネをくすねたってほんとうか」

「盗んでなんかいないよ。ジャンにギャラをくれと言ったんだ。そうしたら、いくらか払ってくれた」

「いくらよこした」

「電車賃程度だ」

大した金額では無かったが、僕は本能的に金額をはっきりと言わなかった。

「エニウェイ、いずれにせよだ、このコブラを通さないで金銭のやり取りはするな。分かったな」

「なぜですか」

「このコブラがリーダーだからだ。ギャラは後日払うと言っただろう」

「何日にいくら払うか決めてもらえますか」

「イロ、詳しいことは今晩演奏の時に説明する。同じ場所で同じ時間に集合だ。分かったな」

これ以上、電話で、しかも第二外国語同士がする話ではないと思ったので、ただ一言OKと言って電話を切ろうとした。

「ウエイト！　イロ、場所が遠いからアランに迎えに行かせる。もう奴にはそう伝えてある。あのオールド・プジョーでな」

電話は向こうから切られた。なぜコブラは僕に気を遣うのだろう。まあいい、今晩はまたあのすったもんだの延長であることは確かだ。


また電話が鳴った。今度はハンパリだと思って受話器に飛びついた。

「ヘイ、ハンパリ!?」

「ヘイ、ハンパリでなくて悪かったな。オレだ。コブラだ。お前らデキてるんじゃないのか。まあいい。今晩の集合時間は分かっているだろうな」

「分かっているよ、コブラ」

「オマエは、アメリークの音楽学校のスチューデントだとかなんだとか、言っていたな……」

その後、受話器からノイズが聞こえてきたので、ちょっと話したいことを思い出し、相手が受話器を切らないように、大声で怒鳴りつけるように彼の名を呼んだが返事は無かった。

「コブラ！　ヘイ、アーユーゼア？」

コブラは受話器を切らずに、どこかに置いたのだろう。僕は受話器のその奥の音を、自らの鼓膜を張りつめるようにして、聴き集めようとしていた。コブラがサックスを吹き出した。

「あっ、パーカーだ、あっソニー・スティット、あっ、この音は？　ロリンズ、コルトレーンだ……」

コブラの吹くフレーズやサウンドには、全てのジャズを自らのものにした自信と、俺はこんな状態じゃ、絶対満足しないぞ、という小気味良い反抗的な音が、受話器を通して洩れ聴こえた。

コブラ、オマエはわざと僕にこれを聴かせたくて電話を二度もかけてきたのか。

とにかく、大袈裟に言えば、ジャムセッションででかい顔をして、パリに住む黒人アルトサックス奏者の中では傑出した存在であるコブラは、やはり化け物だった。全てのサックス奏者のコピーの中から、彼は自分のサウンドを追求している。コブラは彼なりのやり方で、僕にある種の解答を示したことになる。

そういうことか。お前は立派なリーダーだよ。僕はそっと受話器を置いた。

僕は物事を、もの凄く客観的に分析するという癖がある。だがその僕の癖さえも、突然消し去るようなサウンドの持ち主と、僕はパリで出会ってしまったのだ。コブラにきちっとしたステージを与えれば、もの凄い音楽的なハプニングが待っているのじゃないか。しかし僕の能力では、コブラをパリでプロデュースすることなど、その時点では不可能であった。まずフランス語が喋れない。だが、このままでいいとも思えなかった。

26

その晩アランの車で再びサンドニへ。控え室に、演奏前にコブラ以外のメンバーが揃った。ハンパリは修理の終わった楽器をためつすがめつ眺めてニヤニヤしている。ハンパリに何を言ってもだめだと思い直し、まずピエールと話し始めた。

「アランは何であんなに英語が分からないの？」

「彼はもともとシャイで口数が少ないんだ。でも彼は英語も分かってる」

こんなことを話しだしたのも、彼らがコブラとどういう関係で、ギャラのことに関してどう思っているのか、それを聞く切り口にしたかったからだ。ピエールに聞いてみた。

「いったいギャラはいくらなんだい」

「一週間ここで演奏して、五千フランだと聞いた」

「それはバンド全員のギャラということ？」

「いや、一人の額だ」


僕は何て迂闊だったのだろう。外国だからこそ、こういう大切なことを事前に話し合っておくべきだったのだ。パリに来て、どこか浮かれてしまっていたのだろう、最初はただただ仕事がもらえるだけで嬉しかった。

とにかく今晩も、コブラの状態がどうあれ、スタンバイしてコブラを待つことにしようと意志は決まっていた。だが、待てど暮らせどコブラは姿を現さない。

「ムッシュ！」

近くのバーテンダーから声がかかった。ボーッと座ってないで何かやれということだろう。実際アランがベースを弾き始めたので、適当にスタンダードを弾くことになった。リーダーのいないバンドはどこか締まらない。いくらハンパリが超絶技巧を繰り出しても、客の方も我々の演奏をさほど気にしている様子は無かった。それどころか、客のお喋りや雄叫びなどで、共演者の音が聴こえない状況が続く羽目となってしまった。これでは銀座のナイトクラブと同じではないか。


コブラはセカンドセットの後半にふらっと姿を見せた。皆がコブラを見つめる中、彼は我々の真ん前でゆっくりとサックスを組み立て、おもむろに吹き始めた。それは、たちまち客の注目を浴びるに充分なサウンドだった。二日目にして、初めて客のアテンションを引きつけることができたのである。

嬉しさと共に、真面目にやっているこっちがよけいにバカみたいに思えた。しかし、コブラは制御不能の黒い音楽の化身となっていた。マイナーでもメージャーでもない独特な彼のオリジナル曲は、時にはクラブの地をはうようなサウンドから、天上に突き抜けるような飛翔を僕らに見せつけ、演奏は進んでいった。

しかし、昨夜と同じ状態でまたエンディングを迎えてしまった。コブラが急にふらふらになってきて、曲の途中であるにもかかわらず、すっと姿を消してしまった。僕らは何となく演奏を終え、コブラの後を追った。昨夜と同じだ。またどうせあの楽屋にいるに決まっている。皆で階段を上がり、楽屋の扉を開けてみると、薄暗い電灯の下で、ジャンがゲンナマを勘定していた。

「ヘイ、ジャン、コブラはどこだ？」僕が英語で話しかけると「エイ、イロ、またトワレットでデュラガムしてるぜ」と僕の顔を見ずに言った。

「そのテーブルの上にあるワイン、飲んでいいかな」

「シルヴープレ」

アラン、ピエールとハンパリ四人でワインを飲みながら、コブラが現れるのを待った。

だが、いつまでたってもコブラが楽屋に現れないので、ピエールにささやいた。

「いくらなんでも楽器を置いて帰るようなことはしないだろう。コブラの楽器はまだステージの上だ。あっちに行ってみようか」

四人でぞろぞろとステージの方に階段を下りて行くと、いつのまにかコブラがカウンターで酒を飲んでいた。いつもの薄笑いはその顔に浮かんでいない。全ての顔の筋肉が弛緩したような、そんなコブラを見るのは初めてだった。ただその眼球だけは血走り、爛々と輝いている。

ピエールがコブラに口火を切った。アランもそれに混ざる。フランス語で三人が何か言い争っているようだったが、僕には意味が分からない。みそっかすになりたくなかったので、彼ら三人の間に体を割り込ませた。

「ヘイ、何の話をしてるんだ？　コブラ、ギャラはいつ支払われる？」

僕の英語をかき消すように、また彼ら三人は怒鳴ったり長々と演説のようなお喋りを繰り返したりしている。ここでお手上げはいやだなと思っていたら、カウンターの奥から、これまたジャン・ギャバンの親戚のようなバーテンダーが僕に目配せした。いまは黙っていろという合図にそれは見えた。カウンターの上にトンとウイスキーのダブルを置き、また目配せで、こっちに来いと合図した。

僕は三人から少し離れた場所に腰掛け、そのウイスキーをぐっと一息で飲み干した。

バーテンダーがにやっとして、また同じものをカウンターの上に置く。

「ジャポネ?」

「ウイ」

「ケスクヴ・パルレ・フランセ?」(フランス語喋れるのか?)

「ノン、パルレ・アングレーゼ」(いや、英語だけだ)

バーテンダーは両手を開いてお手上げだというジェスチャーをしてから、いまは何も喋るな、という意味だったのだろう、口元に人差し指をそっと触れるような仕草をし、僕をじっと見つめた。その目には、慈愛と優しさに加え、同時に、こういう商売の長い人が持つ独特な威厳が一緒になって光っていた。

僕はなぜか男気を見せようというバカな気を起こし、三杯目のダブルを注文した。件のバーテンダーは「プフッ」と言いつつ三杯目をまたトンとカウンターに置く。人生の師匠はどこにいるか分からない。そう思いながらちびちび飲んでいたら、ピエールがやっと状況を説明しだした。

「エイ、ヒロ、コブラは最終日に必ずギャラを払うと言ってるぜ。一人、五千フランだ。これはコブラを抜かした額だ」

「コブラと話せるか?」

「奴はぶっ飛んでるぜ」

「かまわない」


「ヘイ、コブラ。話はついたようだな。最初からこのことははっきりさせるべきだった」

コブラは、ものすごくフラフラだった。話しかけたことを後悔した。

「エイ、イロ、俺のことが信用できないみたいだな。いいか! オマエはアメリークの音楽学校のスチューデントだ。オレはオマエのサウンドが気に入ってバンドに入れてやったにすぎない。だがオマエは基本的に学生だ。それがいやなら学校をヤメろ! 音楽なんて学校で学ぶもんじゃない。オマエの心は揺れている。パリに残るかアメリカに帰るか。そんな中途半端な奴にギャラの話で文句を言われる筋合いはない。そういう半端な所もサウンドにでるんだよ! オマエは良くやっている。だが学生ということは、オマエはプロじゃない。そんな奴にギャラに関して文句を言われるのは頭に来る。俺がパリでどういう存在かも知らないクセしてこのジャポネ野郎が!」

悔しいが、言われた通りだった。僕の中途半端な立場を思いっきり指摘し、翻弄させるに充分な意見だった。僕は二の句が継げなかった。だがこれも、コブラの一つの作戦にも思われた。いずれにせよ、これは自分自身の問題だ。しかもギャラは仕事が終われば払うと言っている。一旦ここでコブラを信用するしかあるまい。

コブラは、僕の返事など聞くつもりもないといった感じで楽器を片付け、僕らに何も言わずクラブを出て行ってしまった。

「ピエール、奴の言うことは信用できるのか。前に彼と演奏したことはあるのか」

「ああ、あるよ…、まあ今夜はお開きとしよう」

ピエールが口を濁した。アランはいつも通りのポーカーフェイスでワインを飲んでいる。

「アラン、スタション、ミッシェル・ビゾ、ＯＫ?」

「ウエー、ダコーッ」

ジャン・ギャバン似のバーテンダーが、目配せで、もう一杯飲んでいけよというそぶりを見せた。ノルことにした。

その晩、どうやってアパルトメントまで戻ったか憶えていない。久々に相当酔ったなと思いつつベロニクの部屋へと続く階段を一つ一つ踏みしめるように上がっていった。ミシッ、ミシッと木造の階段がしなる。その音を聞きつけてか、ベロニクがドアを開けて飛び出してきた。

「イロ！　ずっと待っていたのよ！」

マイルス・デイヴィスのセヴン・ステップ・トゥ・ヘヴンがいきなり頭の中で鳴りだした。チャッチャッチャッチャッチャッチャーチャーチャーチャ！

その後僕は、前後不覚に陥った。

27

気がついたら、ベロニクのベッドにうつぶせになっていた。人の気配はしなかった。消されたストーブから燻製のような匂いが漂っている。それに反応して僕の脳が、ハムやベーコンのイメージを喚起する。そのイメージが胃腸へと伝わって、僕に現実を思い知らせる役目を担う。当然トワレットに飛び込む仕儀となる。

二日酔いによる、誰にも避けることのできない儀式を終え、またベッドにひっくり返った。最悪の気分で、神様、二度と酒は飲みませんというウソの告解をしつつ目を閉じる。いままでのパリでの出来事がグルグルと頭の中をかき混ぜる。

時計を見ると午後二時半。今晩も演奏せねばならない。六時半にアパルトメントを出るとして、とにかくその時間までには、人間に戻らなければならない。

塩水をがぶ飲みし、体内のアルコールを逆流させてから、もう一度ベッドに横になり、天井を凝視した。コブラが麻薬でぶっ飛んでいようが何だろうが、彼の言ったことが僕の頭の片隅にひっかかっていた。お互い第二外国語でのコミュニケーションだったし、あの悪辣なコブラが何を考えているのか分からない面も無きにしもあらずではあったが、彼の言ったことは、悔しいかな正鵠を射ていた。

多分彼もアフリカのどこかの国から来たか、パリ生まれかも知れないが、とにかく、パリのジャズシーンの大御所になるのに、並大抵ではない苦労を沢山してきたに違いない。アメリークのスチューデント、上手いことを言うものだ。僕がパリにいる存在価値そのものを見事に言い表している。

銀座のナイトクラブでカネを貯め、必死の思いでボストンまで行った。僕は天才でも秀才でもないから、絶対に学校だけは卒業するつもりでいた。それが僕のけじめであり、ミュージシャンなど、先行き何が起こるか分からないからこそ、卒業という事実を欲していた。

しかし、パリのミュージシャン連中と深く関わりだすと、卒業など何の意味も無いように思えてきた。コブラの行動、言動はメチャクチャではあるが、音楽は素晴らしい。もしこれでギャラもつつがなく払われ、他のバンドでも演奏できるように徐々に状況が変わっていけば、このままパリに住んでもいいのではないか。言葉なんて住み着いてしまえば、何とかなるだろう。とにかくベロニクに引っ付いていれば、路頭に迷うこともなかろう。失うものは何もない。ニホンに帰ったって何の保証も行き先もない。そう考えると、アメリカの音楽学校を卒業するという大義の意味が薄れてきてしまう。とにかく、あのサンドニのクラブで一週間演奏する約束は果たさなければならない。二日酔いの頭ではそれ以上のことは考えられなかった。

迎え酒を少し飲んで、動かぬ体を無理矢理立たせ、その晩もサンドニに向かった。クラブに着いてみると、驚いたことに、今日はコブラが先に来ていて、既になにやらソロで演奏している。ピエールとアラン、ハンパリも楽器をスタンバイしていたが、三人ともバーカウンターでコブラの演奏に聴き入っていた。

僕は三人に目配せで挨拶をし、コブラのソロを聴く体勢となる。ジャン・ギャバン似のバーテンダーが、無言で昨夜と同じ飲み物を僕に提供する。弱った胃腸にウイスキーで活を入れた。

コブラのソロは止まるところを知らず、酔客さえをも圧倒していた。僕にあれだけのことを言うけじめを、彼は音楽で表現しているのだと思った。圧倒的な演奏に我々は沈黙せざるを得なかった。なぜコブラは毎晩こういう演奏をしないのだろうか。コブラの演奏には、我々をギャフンと言わせるに充分なフレーズが随所に織り込まれ、その場の全ての者どもを圧倒した。ヘイ、コブラ、毎晩この調子で行こうぜ。卒業なんてこと忘れるからさ。そう思わせるほどのパフォーマンスが舞台で繰り広げられていた。


しばらくして、マイクを掴んだコブラは何かジョークを交えながら僕らをステージに引っぱり込んだ。カウントを取り出したコブラが僕らの方に振り返った。その目は、何があってもオレに付いてこいという意味合いを持っていた。

実際、コブラのオリジナルは演奏されなかった。全てがフリーなアプローチとサウンドで、さながら我々に挑戦状を叩き付けるような演奏で迫ってきた。瞬間瞬間変化するサウンドに僕らは飛び込んでいった。その音楽は、フリージャズでもなく、調性のあるものでもなく、コブラの着ている爬虫類系のジャケットのようにウネウネとそのクラブの空気を振動させた。

こういう場合、適時適所にかっこいいハーモニーなりフレーズを入れることが肝要となってくる。曲という括りがないので、ソロの相方を務めることは、自分の本当の音楽性を試されることになる。

弾かないでいい所は弾かない。またその逆に、弾いていい所のスポットを、こちらが耳で感知する前にもう既にサウンドにしなければならない。コブラは我々の反応を絶妙に演出しつつ、また次の段階へと音楽を押しやっていった。酔客もまんじりともせず、我々の出すサウンドに集中し続けていた。いいぞコブラ、今夜は最高だ。

休憩時間も入れず、二時間近く演奏しただろうか。コブラが突然ブパッ！という咆哮のような音を鳴り響かせた。それは長い即興の終わりだった。その音は本能の奥底に眠っているいたずら猫が飛び上がるように、僕の体をビクンとさせた。

自然にキーボードから手が離れる。一瞬置いて満場の喝采が沸き起こった。

「アレー！　アレー！　ナントカカントカ！　トレビアーン！」

喝采は自然とアンコールを求める様相を呈してきたが、コブラは再びマイクを持って二言三言客に何か言ってから、さっさと楽屋の方に引っ込んでしまった。我々サイドマンもお辞儀をしつつステージを降り、コブラの後を追う。

楽屋に入ってみると、コブラが椅子にもたれかかるように座っていた。厚い胸板が大きく上下していた。楽屋の窓からもれ入るネオンサインの赤や緑の原色が、彼の顔色をさながら、舞台俳優の七変化のように、一瞬一瞬違う人格を持った人間であることを証明しているように見せていた。確かにコブラの行動には一貫性がない。それが実際に目の前に見えるようでなにやら恐ろしかった。

「ヘイ、コブラ……」今晩のお前はスゴかったと言おうと近づいてみると、彼は玉のような汗をぶわっと体から噴き出していることが分かった。そして、上目遣いで僕をにらんでいた。黒人特有の、目の玉だけ左右に寄せてじっとものを見るあの仕草だ。漆黒の虹彩から放たれている感情は、とても一言では表現できるものではなかったが、彼のその思いは、直接僕の胸を貫いた。

「エ、エイ、イロ！　ジュネセパ…、おっとフレンチは駄目なんだったな。俺の言いたいことはもう分かるだろう。学校の屋根の下で今晩のような経験をしたことはあるか」

「……」

「このガキが！　今晩の演奏の感想はいかがでしたか？　このジャポネのミスターピアニスト様」

僕が言い返す言葉を探してもぞもぞしていると、ハンパリが僕らの間に割って入ってコブラの手を握りしめ、べらべら喋りはじめた。ルスーペルとかいう単語がちらほら聞こえたので、褒めちぎっているのだろう。

コブラはうんともすんとも言わず、僕から目を離さない。ものすごく威厳のある目線であるにもかかわらず、睫毛が子供のように可愛いので、更にこちらの感情はかき乱される。分かったよ、コブラ。僕はいま何も言わないよ。当然さ。二時間にもわたって音楽そのものに集中したのは今晩が初めてだし、アメリカの音楽学校では体験しえない経験であったことは確かだ。

僕がそう思った瞬間、コブラはさっと椅子から立ち上がり、トワレットの方に消えていった。

デュラガムでも小便でも何でもキメてくれ、コブラ。今晩はあんたの勝ちだ。音楽に勝ち負けという概念を用いること自体ナンセンスかも知れなかったが、今晩は僕の負けだと思った。同時に、一種爽快な気分でもあった。悔しくもあったけれど。何となく階下に降りて行き、バーテンダーにまたウイスキーを注文した。ギャバン小父さんのついでくれたトリプルのロックをぐいとあおり、その晩はもう何も考えないことにした。


それから何日か経ってサンドニの演奏にも慣れてきた。ギャバン氏は相変わらずタダで僕にウイスキーを注ぎ続け、コブラは時間通り来たり来なかったりで、好き勝手にサックスを咆哮させていた。

仕事以外の時間は、ベロニクと一緒にいる限り、二日酔いのクセして、文化人類学的見地を含め、くんずほぐれつ大方の人類が大好きなことをしていたら、いつの間にか五、六日が過ぎてしまった。僕はそんな日にちの感覚も無くし、冷蔵庫の残りものを、手掴みで食べた後、またくんずほぐれつに舞い戻る生活をしていた。

気がついたらパリは四月になっていたが、相変わらず肌寒かった。ただ、時々顔を出す太陽の光だけが、窓から差し込んでくる。景色にも独特の陰影が濃く浮き出してきていた。

「今晩はサンドニで最後の演奏ね」

「ああ、一週間経ったのか。まったく本当に、長く感じられた」

「どうして」

「いろいろなことが起きたからさ」

「いろいろなことって？」

「一口では言えないよ。そうだ。今晩聴きにくるかい？」

「サンドニなんて、私行きたくない」

「どうして」

「品の無い所よ。危険だし」

「僕と一緒に行って帰ればいい。アランという奴が送ってくれる」

「今晩はだめよ。今日はマダム・バリエールの子供にピアノを教えに行く日なの。マダムはね、お金持ちなの。だからレッスン代もすごくいいんだわ」

「夕方には終わるだろう」

「マダムはね。レッスンの後に、時々ディナーを用意して下さるのよ。それを断れると思って？　マダムとお喋りをしていたら、日が暮れてしまうわ」

「演奏は夜の九時過ぎからだよ」

「マダムの夕食は長いのよ。ゆっくりとお料理を食べてからまたお喋りになるかもしれないわ」

「とにかくクラブの名前と電話番号を渡しておくよ。終わったら電話をかけてくれる？メトロの駅名も書いておくよ。階段を上がったすぐ横にカフェがある。そこに誰かを迎えに行かせる」


ベロニクの身支度の遅さは、いつも目を見張るものがあったが、その日の彼女は、その倍以上の時間をかけて服を選んだり、数ある帽子をいくつも頭にあてがい、鏡の中を覗き込んでいる。部屋中がスミレ色になりそうな香水の匂いが鼻を突く。しばらくして、やっとおめかしが終わったのか、彼女は鏡から離れた。ベロニクは黙ったまま僕の渡した紙片をグリーンのコートのポケットに無造作に押し込んで、一言「オールボアー」と言ってドアを開け、振り返りもせず出て行った。

一人になって一服したのち、窓のカーテンを開けた。雲がものすごい勢いで風に流されていた。太陽は、その雲間に隠れたり現れたりして、まるで眼下に広がるパリの街をカレードスコープのように映し出す。小さな煙突がちょこんと付いた並み居る甍が、遠くの方まで見渡せた。煙突から立ち上る煙の色が透明な空気の中に透けて見える。太陽光のせいなのか、気温が上がったせいなのかは分からないが、少なくとも、僕がパリに来て初めて浴びる充分な太陽光であることに変わりなかった。

サンドニでの最後の演奏はものすごいことになっていた。一週間も一緒に、毎晩二時以上演奏していれば、サウンドが固まってくるのは当たり前のことではあったが、僕が一番驚いたことは、この日は、コブラが時間通りにバーに現れて、なんだかすきっとした感じで、デュラガムもキメていないように見えたことだ。実際、彼の演奏はこの一週間で一番すごかった。そしてコブラは最後のステージでの演奏をし終わった後、客には何も言わずに一礼して、二階の楽屋の方に上がっていってしまった。
僕が無意識にカウンターの方に近づいていくと、件のジャン・ギャバン似のバーテンダーが渋い笑い顔でこちらを見ている。右手には既に僕のために、何かをお祝いするようにウイスキーのトリプルロックが握られていた。それをメルシーと言って受け取り、一気に飲みほす。ものすごく咽が渇いていたし、休憩無しでつっ走るように演奏が終わったからだ。頭がカーッとなって、ほんの少し我に返ったなと思った瞬間に思い出した。ベロニク！　無意識にピエールを探した。幸い彼は、前列に座っているかわいい女の子にナシをつけているところだった。こういう場合、邪魔することは無粋であることを承知でピエールの肩をたたいた。

「お邪魔なことは分かっているが、通訳が必要なんだ」

「ＯＫ」

彼はこともなげにカウンターまで付いてきてくれた。

「あのバーテンダーに、ベロニクという女性から電話がなかったか聞いてほしいんだ」

「おやすいご用さ」


結果、誰からも電話などかかってこなかったことが分かった。ベロニクの奴、まだ多分マダム何とかの家でブルジョア気分を味わってでもいるんだろう。

「ヒロ、こっちに来て一緒に飲まないか。あの子達三人連れだぜ。イカシテル女の子達さ。さあ早く戻ろう」

ピエールに袖を引っぱられて前列のピエール、アラン、ハンパリの座るテーブルへと吸い込まれた。

どのくらい時間が経ったろうか。気がついたらギャバン氏が後ろに立っていて何か言っている。ピエールがそれを訳す。「お客さんが呼んでるって」

ギャバン氏の視線の向こうには、なんとベロニクが、クラブのガラス張りのドアにもたれかかりつつ立っていた。

なんだか濡れカラスのダミアみたいに見えた。あれだけ念入りにした化粧が、全て濡れ落ちたような感じになっており、自慢の洋服もぞろっぺえにずり落ちた感じだ。青息吐息であることは明白なのに、ベロニクが最大限に酔っ払ったときに浮かべる、あの薄ら笑いが垣間見られた。思ったとおり、彼女は僕の演奏を聴きに来た。しかし間に合ったかどうかは分からない。とにかく彼女を何とかしなければ。僕はドアに走り寄った。

「ベロニク！」

なぜか後の言葉が出てこない。笑い出すんだろうなあと思っていたら案の定、嬌声をあげながら笑い出した。

「キャハハハハハッ！　イロッ！　あたし、あたし」もたれかかってきたので無意識に彼女を抱きしめ、一番近いテーブルに彼女を導き、とにかく座らせた。

「キャハハハハハハハハッ！　イロッ、ウー、ジュスイ、アー、ウスイジュ？（ここはどこ？）アー、英語が出てこない。あたし、あたし、マダムの家で、ウーッ」

「ワインを沢山飲みました、でしょ」

「ダコーッ！　イグザクトモン！」（その通りよ）

椅子に座っても崩れ落ちそうな彼女を支えつつ、目で合図して水を飲む仕草をしたら、ギャバン氏がうなずいた。


その晩の彼女はどこか少しいつもと違っていた。アル中であれば朝から飲むが、彼女はそういうタイプではない。しかし、行動の端々、またその言動、急にふさぎ込んだりふざけたり、それらをひっくるめて考えるに、どこかそわそわしたところが散見された。何かが変だった。

しかし、ベロニクはちゃっかり二杯目を注文している。ギャバン氏がワイングラスをテーブルにわざわざ持ってきてくれた。

「ブブソンテマル、マドモアゼル？」（気分でも悪いのですか？）

「ノン」

ベロニクは急に真面目な顔になってギャバン氏をその独特なつり目で睨みつける。酔っ払いには慣れてるぜ、というような顔をしてギャバン氏はカウンターの方へ。

「ンーッ、ボン。セデリシューー」（美味しいわ）

「なあ飲みすぎだよベロニク。もう僕、人種差別発言は聞きたくないから」

「イロ、音楽すばらしかった。あたし聴いてた」

「どこで？」

「あのドアのところ」

「なぜ中に入らなかったの？」

「イロに、ウーッ、お酒代、払う、期待して。ここの飲み代、あなた払う」

「マダムのところのレッスンで、沢山カネをもらったんじゃないのか」

彼女は急に黙った。僕も喋ることをやめた。変な英語しか喋れないし、このオンナ、ここまで飲むと何を言い出すか分からないのは過去何度も経験済みだ。「ヒロ、ガールフレンドか！　こっちに来て一緒に飲もうよ」

ピエールがステージ際から立ち上がってこっちに手を振っているのが見えた。

困ったな。あそこの集団にベロニクを連れて行ったら何をしでかすか分からない。だがピエールの誘いを無視することもできなかった。彼女を連れてステージ際のテーブルに移動した時点で、僕の酔いは完全に醒めていた。

「ガールフレンドのベロニクだ」アランやそのテーブルに座っている人達にそう言うと「ガールフレンチ、ガールフレンチ」と訳の分からないことを言いながらベロニクも崩れ落ちるように椅子に座る。

テーブルの上には沢山のワインボトルが並べられ、蝋燭が灯されていた。正面に座っているマドモワゼルは、こともあろうに三人とももの凄い別嬪だった。三人揃って別嬪という確率は、今までの経験上かなり低いと言っていい。だが、彼女らに話しかけでもすれば、ベロニクが何を言い出すか分からないので、挨拶だけして、勝手にワインボトルをぐっと掴んで、「誰のワインか分からないけれど、俺は飲むしかやることがない」と日本語で叫んだ後、面倒だから、グラスにはつがず、そのままごくごくとラッパ飲みした。正面の別嬪三人が声を上げて笑う。

しかしその後は、まあ当たり前だが、フランス語でのお喋りが始まったので、僕は蚊帳の外状態となる。フランス語が喋れるはずのハンパリも、なぜか押し黙ったままだ。そうなると、飲むしかなくなり、彼らの表情から何を喋っているか察することしかすることがなくなる。

しかし、フランス人というのは、何でこんなに喋るのか。一人一人の発言のセンテンスが異常に長い。それに受け答える方もそうだ。あんなに長いセンテンスの質問、感想らしきものに、また長いセンテンスで受け答えられるということは、相手の言ったことを隅から隅まで覚えているということだろう。流石にデカルトなどの哲学者を輩出した国だな、と思う一方、ナニかもっと大切なことがあるという本能的な直観が、一瞬の偏頭痛のように僕の脳裏をよぎった

ギャラだ！　なぜ僕は飲まないと大切なことが閃かないのかと思いつつ、ピエールの耳元でささやいた。

「ギャラはどうなっている？」

ピエールもほろ酔い加減であったが、僕の目を一瞬凝視して、その目を天井の方に持っていく。

「奴はまだ帰ってないだろうな」

「ヒロ、帰るにはここのテーブルの横を通るか裏口から抜け出すかしかない」

言うや否やアランにもことの次第をささやいた。三人で二階の楽屋に向かう階段を駆け上がった。ハンパリは、ものすごく酔っ払っていて、僕らの後を付いてこなかった。

いずれにせよだ、僕もアマちゃんだが、彼らだって相当のアマちゃんだ。フランス人は、もっとカネ勘定にしっかりしているのかと思った僕はもっとアマちゃんかもしれない。

楽屋の扉を開けると、案の定、コブラはそこにはいなかった。

「彼は逃げたのか?」

「ヒロ、見ろよ、金庫の扉が開いている」

ピエールがそう言うやいなや、アランがその金庫に駆け寄り、中を覗いて首を振った。

僕らも中を確かめようとアランの視線を追ってみると、中はからっぽだった。

「ジャンもいないな」

よく見ると、アンティークと言ってもおかしくないほど古ぼけた大きな鉄の金庫で、部屋が暗いので奥の方がよく見えない。僕が無意識に中に手を突っ込んでみると、なにやら角張ったものに掌が触れた。アランにテーブルの上の蝋燭を持ってきてもらい、中をよく見てみると、奥の隅に引き出しがいくつか並んでいる。一番下の大きい引き出しを開けてみると、札束が入っていた。蝋燭の灯りではいくらか分からないので、全部掴み出した。

「ヒロ、ヤバいよ。これはジャンのカネに違いない。手を付けたら何をされるか分からない。奴はギャングだ。この店を仕切っている」

「ピエール、きっとこの中はさっきまでゲンナマで一杯だったんだろう。ジャンはそれをどこかに運びに行ったんじゃないか」

「ヒロの言うとおりかもしれない。そうでもないかもしれない。エニウエイ、オレ、トラブルを起こすのはごめんだね」

二人であれこれ言い合っていたら、ぬっと繊細で長い指が僕の手中にあった札束を掴み取った。アランだった。彼は顔色一つ変えず札束を数え始めた。無口で繊細だと思っていたアランが、いざという時に一番大胆な行動に出たのだ。アランは表情一つ変えず、札束を選り分け始めた。

「ヒロ、廊下を見張れ！」

ピエールが叫ぶ。なんだよ、さっきまでまごついていたのはお前の方だろう。だがここにジャンが来ることは、どう考えてもまずい。

僕は楽屋のドアをそっと開けて薄暗い廊下の左右を確認した。人気はない。あるのはゴミの山とほこりっぽい空気だけ。楽屋のドアの対面に窓があり、空に雲に隠れた弦月が煌々と輝いていた。人間とは不思議なもので、こんな緊迫状態の中、僕は息を飲んでその月をじっと見つめてしまった。

綺麗だった。月は不思議だ。いつもあっと思う場所から顔を出す。今晩もそうだ。まず、我々の無茶な行動の最初の発見者は、お月さまということだ。

なかなか風流ではないか。

パリの端っこで、ギャングのカネに手を付けようとしている、アメリークの学生であるジャポネのピアノ弾き。要するにだ。アランが一番、根性が座っているということだ。アランの運転ぶりを思い出した。只者でないことは最初から意識しているべきだった。

「ヒロ！　誰もいないか」

「カームダウン、ピエール、大声を出すんじゃない。誰かに聞こえたらどうする」

「誰もいないってことだな」

「イヤー」

それからまた静かになった。それからしばらく、といっても二、三分だったかもしれない。今度はピエールがささやくように声をかけてきた。

「見張りながらよく聞け。五千フランを四人分札束から抜いた。引き出しの下に新聞紙を敷いてその上に残りのカネを戻した。アンダースタンド？」

「ヤアヤア、グレート」

「引き出しを開けただけではカネが減っているようには見えない」

「神様は信じてないけど、ピエールの言葉は信じたいね」

「オレタチがカネを抜いたという証拠もない」

「そう願いたいね」

「多分この引き出しはあまり使われていないはずだ」

「そう願いたいね」

「オレタチは盗みを働いたわけじゃない」

「そう願いたいね」

「妥当な金額を貰っただけさ」

「そう願いたいね」

気がつくと、蝋燭が消えたのだろう。背後が薄暗い裸電球のみの明かりとなった。二人が僕の後ろにやってきて、覆い被さるようにして廊下の左右を見渡す。「大丈夫だよピエール、アラン。人が来るのだったら階段を上がってくる音がするはずだ」

「ヒロの言うとおりだな」

とにかく抜き足差し足三人で、階段の縁までたどり着く。

「ピエール、ジャンが下にいて、我々が階段を降りてくるところを見られてはまずいと思う」

「そのとおりだな。ヒロはアジア系で目立つから、まずオレが様子を見てくる。合図をしたらアランと降りてこい」

ピエールの合図があったので、階下に降り、先ほどまでいた席に滑り込む。左側に座っているアランが、ウインクしながら僕のポケットに札束をねじ込む。ここで数えるわけにはいかない。すると右側に座っていたピエールが、今度は右のポケットに、大量の小銭を流し込んだ。

「ヒロ、引き出しの中にはサンチームも沢山あったんだ」

ワインのグラスをぐっとあおるふりをしながら、店内をゆっくり見回してみた。

確かにジャンはいない。コブラの姿もない。テーブルではいつの間にかべろべろになったハンパリが、別嬪達と話をしていた。フランス語なのでよく分からなかったが、どうも彼女らの気を引くために、懸命に喋っているように見えた。別嬪三人は、話を聞いているものの、あまり嬉しくなさそうだ。

ゲラゲラ笑っているのはベロニクだけだった。どちらにせよ、僕らが消えている間、ハンパリが彼女らの注意をそらせていてくれたら儲けものだ。ベロニクも、これだけ酔っ払っていれば、僕がしばらく退席していたことなど覚えてはいまい。ああ、完全に泥棒の発想だと頭を抱えたくなったので、がんがん飲むことにした。この状況で、他に何ができるっていうんだ。


気がついたら、ベロニクの嬌声と笑い声が店内に響き渡っていた。何時なんだか腕時計を見る気も起きなかった。大方の客は捌け、店内には我々と、二、三組のカップルのみ。ギャバン氏はグラスを真っ白い布で器用に磨いている。閉店の合図に見えた。

「ピエール、アラン、ハンパリ、サンクス。僕は帰るよ。ご覧のように、彼女が飲みすぎた。そうだ。皆と今度いつ会えるんだ？」

「連絡するよ、ヒロ。アランの車に乗ってはだめだ。こいつも相当飲んでいる。ボンニュイ」

ゲタゲタ笑っているベロニクを無理矢理立たせ、彼女の右手を首に回して、カウンターの前を通り際に、ギャバン氏と視線が合った。

「ボンニュイ」

「ボンニュイ、ムッシュー」

28

ベロニクを担いで外に出たものの、やはりサンドニという場所はパリの中心部とは比べものにならないぐらい寂れていた。危険な匂い、という表現があるが、そんな生やさしいものではない。何かこう、背中が総毛立つような危険な雰囲気があたりに満ちていた。しかも夜中だ。そして寒い。タクシーをつかまえなければなるまい。

なるべく明るい歩道を歩くようにして、見も知らぬ十字路にたどり着いた。先ほどより明るい場所にもかかわらず、その広い名も知らぬ十字路の方が、もっと危なっかしい雰囲気を醸し出していた。前から赤信号を無視したヴェトナム人らしき数人が、こちらに向かって歩いてきたので、英語で、タクシーはどこだというと、右の方を指さして立ち去っていった。

その右の方を見てみると、アメリカ滞在中に養った、危険地域を見極めるセンサーが、胃の腑のあたりから沸き上がってきた。こっちの方向は危ない。だが、幸いなことに、左の方を見ると、三十メートルぐらい先にバーがあった。迷わずそこになだれ込む。

薄暗い店内を透かして見れば、客層は最悪。バーテンダーはジャンと同じ種類の人間に見えた。

「ムッシュー、タクシーを呼んでくれますか」

まずは英語で聞いてみた。

「コワ?」(何だって?)

やはりここはフランスだ。

「タクシー、ネセセール、ええっと、ノンブル、ヴザヴェ?」(タクシー、必要、番号、分かる?)

知っている限りのフランス語を並べたら通じた。

「ウイ、ダコー」

凶悪な顔をして、意外と親切なバーテンダーに拍子抜けしながらも、電話のダイヤルを回す指は震えていなかった。


タクシーは意外とすぐにバーの前にやってきた。ベロニクをまずタクシーの中に放りこんでから、ドアを閉め、「スタション、ミシェル・ビゾ、シルヴプレ」と行き先を告げた。ドライヴァーは黙って車を発進させる。しばらくしたら、ベロニクが眠りから醒めた。ボーッと辺りを見回してから、喋り始めた。

「アタシ、近道を知ってるわ」

「そうかい。急に英語が上達したな」

「まかしといて」

タクシーは猛スピードでパリの方向を目指す。やっとパリ市内に入ったかと思ったら、ベロニクが、ドライヴァーに近道を教え始めた。

「プルネトゥドロワ、エオゥコワンドゥラドゥジエームゥアゴーシュ」（まっすぐ行って、二つめの通りの角を左に曲がって）

タクシーはタイヤを軋ませながら左に曲がる。

「アトンデアンナンスタン」(ちょっと待って)、「オンスィットゥ、トルネアドロワット」(右よ。右に曲がって)「ノン、ゴーシュ、シルヴプレッ」(いや、左よ)

明らかに、ベロニクは近道など分かっていない。道を勘違いしているのか、まだ酔払っているのかと少しオロオロとした途端、車内にあの嬌声が響き渡った。

「キャハ、キャハハハハハハッッ!」

こんな夜中にパリ観光なんかしたくないんだよ。今僕はいったいどこにいるんだ。

「ベロニク、近道はやめて、ドライヴァーにまかせよう」

「ノン、ノン、あたしは道を知ってるんだから。オンコートゥルネアドロワットゥ」(もう一度右に曲がって)

確実だ。彼女は道を分かっていない。しかしここでベロニクに何か言うと、ご機嫌ななめとなり、黙りこくるか言い合いになることは、イヤというほど分かっていたので、黙っていた。

タクシーは右に左に細い道やら大通りを通り過ぎ、メーターはどんどん上がってゆく。タクシー代はどうせ僕が払わされるんだろう。

「キャハハハハッ！　キャハハハハハハッ！」

はしゃぎまくるベロニクがご自慢のハイヒールを僕の顔に投げつけた。

「イテ！　なにをするんだ！」

「イロもドライヴを楽しみなさいよ」

「充分楽しんでるよ。でも、物を投げるのは止めてくれ！」

「ウララー、怒ってる」

もうベロニクの相手をしていてはタクシー代がいくらかかるか知れたものではない。僕はタクシーの席からドライヴァーに向かって身を乗り出して、「スタション、ミッシェル・ビゾ！　エレセフー！」（駅へ行ってくれ。彼女はバカだ）と叫んだ。

やっとアパルトメントの前にタクシーが止まった時、僕はしこたま飲んだワインと車酔いがブレンドされて、ふらふらになっていた。メーターは、いつもより一桁数字が多かった。

ポケットにサンチームが沢山じゃらじゃらしていることを思い出し、全部掴み取って、ドライヴァーに渡した。彼はイヤそうな顔をして小銭を数え始めた。その隙にベロニクを引っぱり出し、正面の扉を開けていると、後ろから声がきこえた。

「ムッシュー！　○×□ペラペラ……」

料金が足りないって言ってることは何となく理解できた。どちらにせよ数字を聞いても分からないから、ベロニクのハンドバッグを開け、財布から札を何枚か引っぱり出してドライヴァーに渡した。

彼が札を勘定している隙にアパルトメントの中に入り、ドアを閉めてしまった。ドアは外から開けられない。案の定、ドアの向こうからドライヴァーの罵声が聞こえてきた。タクシー代が足りないんでしょ。すまないね。僕は泥棒なんだ。階段を上がるのにえらく時間がかかった。

29

季節があっという間に春めいてきた。暖炉やストーヴ無しで眠れるようになったのが、僕には嬉しくてたまらなかった。

ボストンの冬もマイナス十五度ぐらいになることは珍しくない。だが、ボストンは港町で、内陸部に位置するパリの寒さには、例えれば、最後の優しささえも持ち合わせない人物のような非情さがあった。

そんな環境から、急に周りが花々で一杯になってくると、自然と狭いアパルトメントに籠っていることが苦痛になってくる。パリの街並みのそこら中をほっつき歩くようになるのに、そう時間はかからなかった。


ボストンでは見たこともないような青空が広がり、道行く人々の服装も変わり、喋り声さえ、大きく街々の壁に反響するような大気があたりに漂う。

古着屋で、春物のコートとジャケット、ズボンなどを買い、軽装になると、歩く距離など更に気にならなくなり、空と街並みとを見比べながら、行動半径が広がっていく。地下鉄に乗り、見も知らぬ駅で降りてから、また歩き出す。そうだ。夕方になったらベロニクと散歩に出よう。

ピエールからもらったギャラは、思ったよりいい額で、しばらくの間食いつなぐことが出来そうだったことも、僕の気分を明るくしていた。

足が少し疲れてきたので帰るべく、また見も知らぬメトロの駅の階段を下りようとしたら、彫りの深い顔の美少女が二人、大きな紙片を僕に押しつけてきた。ジタンだな。「フランス語は喋れないよ」と英語で言うと、しきりに耳と口を押さえ、紙面を読めという仕草をする。そこにはフランス語と英語で、「聾唖者です。寄付して下さい」と書いてあった。まず名前を書く欄があり、NOMという枠に、「勝新太郎」と漢字で書き入れて、その場を立ち去ろうとする僕の腕を、美少女が思いも寄らぬ力で握りしめて離さない。二人をなんとか振り切ってぱっと階段三段跳びで逃げた。後ろから彼女らの罵声が聞こえる。「メルドー！　メルドー！」(馬鹿野郎！)ほら、喋れるじゃないか。

アパルトメントで、カウチで寝そべっていたら、幸いベロニクは夕方に帰ってきた。

「散歩に行かないか」

季節のせいで彼女も開放的な気分だったのか、珍しくはしゃぎだし、おめかしを始める。季節が変わると、お互いの感性も一致してくるらしい。念入りに顔をいじくりだしたので、人出の多いセンターの方に向かうのだろうなと想像した。案の定、化粧の後は一人ファッションショーを鏡の前で時間をかけてやらかしはじめた。以前はずいぶん外出の準備の遅さにイライラしたものだが、またこれも陽気のせいか気にならなかった。

腕を組み、駅に向かって歩いていたらちょうどタクシーが来た。驚いたことにベロニクはそのタクシーを止め、行き先を告げる。このけちんぼがタクシーを使うなんて意外だった。

これも陽気のせいか。十二区にある我が住まいから、思ったとおりセーヌ川の方に車は疾走する。タクシーのウインドウを全開にして、空気を胸一杯吸いこんだ。パリの街並みを、こうして喜びの目で見つめた人は今までどのくらいの数になるのだろうか。

川沿いに少し走ってからタクシーを降りた。なんとベロニクが代金を払っている。陽気のせいでおかしくなったんじゃないだろうな、と思わせるのに充分なベロニクの行動の後に、陽気な笑顔が目に映った。そこはロワイヤル橋の近くで、しばらく徒歩で川沿いを行き、川岸に降りた。

石畳の地面に当たるベロニクのハイヒールが「コツ、コツ、コツ、コツ」と快い音を響かせる。東京では聴けない響きだ。気分を高揚させるに充分な硬い音。そのリズムと比例してベロニクは早足だった。まわりにはちらほらと、カップルがくんずほぐれつしている。

突然僕は複雑な心境に陥った。腕を組んではいるものの、ベロニクはゆっくり歩こうともしない。そこには何か、アジア人男性と、くんずほぐれつはしませんという意思表示が無意識にあるのではないか。少なくとも、もう少しゆっくり歩いてもいいのではないか。愛の言葉を交わすのは、今までベッドの中と決まっていた。ベロニクと外で行動を共にするときは、いつも何かが慌ただしく、今までゆっくり食事をしたのは、あの戒厳令の敷かれた間に行った中華料理屋だけだ。だが、その後、僕の演奏を聴く回数が増えるにつれて、彼女の僕に対する態度も、どこか軟化したように思われる節がなくもない。しかし、彼女の心の裏側には、生理的に越えてはいけない一線のようなものが有りはしないか。このような心境は、日本語にするにも難しく、更にそれを英語でベロニクに問うとなると、不可能に近い。更にまた、ベロニク本人がそのことに本能的に気付いていない節もあった。

お互い無言で、ずいぶん歩いた。エッフェル塔が見えてくる。遊覧船が行き来する。夕暮れ時の空は、見たこともない色をしていた。イタリア産オレンジのような熟し切った黄金色が、建物の影を照らし出し、そのオレンジに大気圏のようなブルーが、そこかしこのパリの雰囲気に濁り混ざっていた。エッフェル塔が夕暮れを背にして、黒い巨大なシルエットへと変わっていった。

「イロ、歩き疲れた？」

こういう場合の女性心理は熟知している。ベロニクが休みたくなってきたのだ。

「ああ、くたくただ」

二人とも無意識に川の護岸に肩を預けた。気がついたら抱き合ってキスをしていた。時々じっと僕の瞳を見つめてから、また顔を寄せてくるベロニクは、夕暮れ時のせいもあり、顔の彫りが更に深く見えた。こういうときは何か言わなくては、と思い、口を開きかけたら、人差し指をあてがわれてウインクされた。キスをして、見つめ合って、ずっとその場を動かなかった。

30

「ヒロか。よく聞け。大変なことになった」

そんな或る日、ピエールから電話があった。まあ、仏教徒でなくとも、原因があるから何らかの結果がこの世には必ず訪れる。そこがパリの春だとしても。

「ばれたんだろう。カネのことが」

「そのとおりだ。お前も早く逃げろ。奴ら、僕らミュージシャンまで疑ってる」

「つまりどういうことかな。ピエールはどこから電話をかけてるんだ?」

「それは言えない。君が捕まったときに喋られると困る。パリから逃げたとだけ言っておこう」

「先を続けてくれ」

「あの金庫のカネを最初に盗んだのはコブラだ。かなりの額を奴は盗んだ。引き出しの中以外一サンチームも残っていなかっただろう。奴は悪賢い。きっと誰かが金庫を開けるときにダイアルの番号を盗み見たに違いない」

「……」

「とにかくコブラはあの最後の晩、大金を持って逃げた。でもどこかで捕まったらしいんだ」

「あのマフィアの連中にだな」

「問題はこの先だ。コブラはマフィアに僕たち全員でその大金を山分けしたと言ったらしい」

「！」

「つまりだ。僕らはギャラ分しかくすめていないのに、なぜかコブラは嘘をついたんだ」

「……」

「他のミュージシャンももうパリにはいない。みんな逃げた。元締めはコルシカのマフィアだ。ヒロの居場所もすぐ突き止めるだろう」

「……」

「お前はアジア人で目立つからな。すぐアメリカに帰れ。奴らに捕まったら何をされるか分からない」

「……」

「おい、聞いてんのかよ！」

「ヤー」

「これが最初で最後の電話だ」

「分かった」

「幸運を祈るよ、ヒロ。お前のプレイ、最高だったぜ」

「お前も最高だった」

「切るからな」

「ああ、またどこかで会おう」


テーブルの上にあったワインのボトルをラッパ飲みした。半分以上残っていたその液体が、僕の胃の腑に流れ込むまで、一分もかからなかった。ふらっときたが、脚を踏みしめて、隣の物置部屋に行き、荷造りを始めた。着替えしかなかったので、すぐに用意ができた。マットレスの間に隠しておいた現金をいつも首から下げていたパスポート入れにねじ込む。返す刀でリヴィングルームに戻り、テレビを消した。ベロニクが何か言いかけたが、それを無視して、きわめて落ち着いた表情を繕いながらささやくように言った。

「逃げよう」

「コワ⁉」（なぜ？）

「ここから出るんだ」

「一体どういうこと、何があったの？」

「説明は後でする。貴重品と着替えを用意して、すぐ僕と一緒にここを出る準備をしてくれ」

「あたしこのクイズ番組が……」

「もう一度言う。冗談抜きだ。僕を信じて言うとおりにしてくれ。事情は後で話すから」

「分からない。イロ……」

「黙って僕の言うとおりにしてくれ。タクシーは呼べるか？」

「ウイ」

「アパルトマンの真ん前まで来てくれと今すぐ電話してくれ」

「着替えを入れるものがない……」

僕はもう一方のスーツケースを開け、中身をそこら中に放り出した。

「これを使って」

タクシーは十五分ぐらいで到着すると言うベロニクを更に急き立て、彼女の荷造りを手伝い、貴重品を全部バッグに入れたか確認させてから、もう一本のワインボトルを台所に取りに行く。

もの凄い勢いでコルクを抜き、ラッパ飲みしながら荷物を持って階段の踊り場に出る。

「あら、あたし、冬のコートを着ているわ。春用のものがあるのよ。着替えてくるわ」

僕は無言でなにやら喋っているベロニクの言葉を無視して、手の平を固く握りしめ、腕を引っぱって、アパルトメントの階段を降りる。階下まで降りると、一旦ベロニクを中に残し、僕だけ外に出て様子をうかがった。暗がりの中、人気はなかった。

タクシーに乗った時点で、少しほっとした。気が付けば右手にワインボトルを握っている。ラッパ飲みした。ドライヴァーが何かフランス語で喋りかけてくる。

「あいつはなんて言ってるんだ？」

「どこに行くのか聞いてるわ。キャハハハッハハッ！　私にももっとワインを飲ませて」

ベロニクにもワインをしこたま飲ませながら回らぬ頭で考えた。何となくベルヴィルあたりが良い隠れ家になりそうな気がした。あそこは人種が雑多だ。「えっと、アレベルヴィル！　シルヴプレ」

「あそこら辺は治安が悪いのよ。特に夜は」

「いいから。ドライヴァーに安ホテルを知っているか聞いてくれ」

本当にちんけな安ホテルの前でタクシーは止まった。

受付には、人生のすごろくの目が全部はずれたような中年男が立っていた。形式だけの手続きで、名前と住所を名簿に書き入れる。ベロニクには小声で、本名を書くなと言いつつ、僕の欄には、SHINTARO KATSU　TOKYO-TO　KOUKYO 3-2-1と書いた。こういうホテルの場合、他日急に住所を聞かれたりする。覚えやすいに越したことはない。

あてがわれた部屋は、三階のこぎれいな一室ではあったが、ピレネー通りに面しており、昼間は窓から顔を出さない方が良さそうだった。とにかく、全ての経緯をベロニクに話すには、双方しらふでは逆にすったもんだが起こりそうな気がしたので、再び受付に降りてゆき、開いている酒屋を教えてもらい、シャンパンを三本買い込んでから、部屋に戻った。

ちょうどワインの酔いが醒めつつあったベロニクは、不機嫌そうにベッドに腰掛けていたが、僕が抱えて持ってきたシャンパンを見るなり、目がきらりと光り、洗面台にあったコップにシャンパンをなみなみと注ぐと、ごくごくと飲み始めた。

凶兆の前の吉兆と思うしかない。彼女が完全に酔っ払う前に、ことの次第を説明した。彼女は既に酔眼であったが、作戦通り、「ウーララー！」「カタストロフィック！」（最悪！）という言葉を連発しつつも、シャンパンの味が手伝ってか、何とかその晩は気持ちを収めることができた。

僕はといえば、シャンパンをいくら飲んでも酔わなかった。マフィアの連中は、遅かれ早かれベロニクのアパルトメントを探し出すだろう。そのことは、彼女があそこに今後住むことが出来ないことを意味する。また、僕の居場所を聞き出すために、マフィアがベロニクに何をするかも分からない。コンセルヴァトワールに教えに行くことも危険になるかも知れない。

とにかく、僕はベロニクを守るしかない。それが仁義だ。

しかし、もう一つ押さえておかねばならないことがあるとも思っていた。マフィアが、大枚のカネを山分けしたと勘違いしていることを正したかった。

逃げるのは簡単だ。このちんけなホテルから、航空会社に、最速のＮＹ行きのチケットを予約し、ベロニクをほったらかしてドゴール空港まで行けばそれで全てことは終わる。

しかし、惚れた弱みなのか何なのか、ベロニクをこのままの状態にしてパリを離れるということは、僕の中の男気が許さなかった。

気が付くと、ベロニクはベッドの中ですやすやと寝ており、僕は今後の方策を模索していた。いずれにせよ、僕達が盗んだのは、たかだか日本円にして全部で四十万円程度だったことと、コブラがウソをついていることを相手に伝えたいという思いが強かった。ニホン人として、泥棒扱いされるのもイヤだったし、ベロニクの今後のことも考えてやらなければならない。明け方までシャンパンを飲みながら思案した。

31

いつの間にか僕も眠っていた。気が付いたら午後をまわっていた。腹が減っていたが、明るい内に外に出るのは危険だと判断した。

奴らにベロニクの面は割れているのか。それが一番の心配の種だった。大事に至らないよう、ベロニクに、暗くなってから、どこかのチャイニーズレストランからテイクアウトで食い物を買ってきてもらうのが一番の安全策かとも思ったが、やはり良い策とは思えなかった。僕が外に出た方がいい。ここは雑種の地域だからだ。

ベロニクは、ベッドの上で、しくしくと泣いていた。一晩明けて、ことの重大さに気付いたに違いあるまい。なんと言っていいか分からなかったので、後ろからそっと抱きしめた。

抱擁がキスに変わり、このごに及んで僕らはもの凄く激しい愛の交歓をした。状況が僕らを異常な神経に導き、それは常軌を逸した何かの儀式のようなものに変化していた。

一戦終了後、空腹感が絶頂に達した。食料を調達しなければならない。僕が捕まれば、ベロニクにはなんらお咎めはないだろう。夜になってから外に出て、ヴェトナム人やカンボジア人に混じって、テイクアウトをしてくれそうなレストラン、また乾物屋を探し歩いた。

裏道の奥に、一軒夜遅くまでやっている店が有り、そこで食料を二、三日分調達し、以前に寄った酒屋でシャンパンを三本程買い込んでから、部屋に戻る。ピータンや、見も知らぬ食材を食べた。

いずれにせよ、腹を空かせてうずくまっているよりましだった。ベロニクと手づかみでそれらを食べながら、シャンパンをがぶ飲みし始めた。腹が一杯になると、ベロニクが、「ジュスイフチュ！」（I am fucked up）と叫びながら、再びベッドに倒れ込む。

「あたしの仕事はどうなるの。家にも帰れないんでしょう」

「今、どうすればいいか考えているところだ」

「マフィアはコルシカ人だわ。何をするか分からない連中よ。きっとこの場所もいずれは探し出すわ」

「ベロニク、君は北フランスに両親がいるんだったな。僕を置いて帰ってもいいんだぞ」

「イロはコンセルヴァトワールの仕事を得るのが、どんなに大変か分かっていない」

「命がかかってるんだぞ」

「私の顔はばれていないかも知れないんでしょ。そうだ。警察を呼びましょう」

「警察を呼ぶ泥棒がこの世にいるかね」

「真実を話すのよ」

こんな堂々巡りの、何の解決策にもならない会話を続けながら、時間だけが過ぎていった。意見がかみ合わなかったが、二人とも相当酔っ払っていることだけは確かだった。そのことがふたりの客観的認識を更に曇らせていた。

だが、急がなければならない。仲間の援助も受けられない。ジャズクラブは最も近づいてはまずい場所である。はっきりとしていることは、どこの国でもマイノリティーがその道に手を染めるということだけだった。思い返してみれば、ピガールあたりで呼び込みをしていたお兄さん達もコルシカ人だった。そう、コルシカ人、コルシカ人と頭の中で唱えていてピンときた。

明朝、時間を見計らってジャン・ルイに電話をかけた。


「アロー、イロか。どうした。ベロニクと住んでる。違うか」

「サヴァ、ジャン・ルイ。話がある。あなたの家に行ってもいいですか」

「ウイウイ。シャンパンを用意して待っている。三日後の昼、時間ある」

「昼は理由があってだめなのです。夜がいいのですが」

「三日後の夜も時間ある。どうした？　ベロニクとトラブル？　話を聞こう」

「何時に行けばいいですか」

「夕飯は七時から。ジャクリーヌに言っておく」

その後の三日間、僕とベロニクはやけっぱちになり、酒を飲んだり愛し合ったり、昼夜を問わず好き放題に過ごした。酔眼で、昼間に食料を買いに外に出たりするようにもなった。あいにく、外はまた肌寒い季節に戻っていた。

カーテンを閉めたままにしておいたので、そのうちだんだん本当に昼夜の区別がつかなくなり、三日目という区切りさえ曖昧になりそうだった。かすかに残る現実との接点は、僕の腕時計だけだった。これだけは何があっても外さずにおいた。三日目は何曜日だったかさえ分からなくなるほど酔ってしまう日があったが、そういう時でも無意識に腕時計の日付を見ることだけは、かろうじて忘れなかった。


だが、その三日間はやはり僕にとっては長い時間であり、そばに居るベロニクの言うことにも空返事をするまで精神的に追い詰められていた。そんな僕に現実との接点を思い出させてくれたのはベロニクだった。

「イロ、今日の夜よね。ジャン・ルイのところに行くと言っていなかった？」

そうだった。身支度をし、ジャン・ルイのところにタクシーで向かう。身体精神共々疲れ果てていた。見覚えのあるアパルトメントに到着するのが精一杯の状態であった。

「ボンニュイ、イロ、元気か。疲れているな。何があった?」

「シャンパンをもらえますか」

英語の不得手なジャン・ルイには、ゆっくりと時間をかけて今までの経緯を話さねばなるまい。このジャン・ルイのアパルトメントにはタクシーを二度乗り継いだ。ことが尋常でないだけに、ジャクリーヌに話を聞かれるのはまずいと思った。ジャン・ルイに二人だけで話したいと言った。

「イロ、ベッドルームに行こう。あそこは、声、聞こえない」

ベッドに腰掛けるや否や、今までの経緯をできるだけゆっくりと丁寧に説明した。

ジャン・ルイはしばらく僕の目をじっと見つめていたが、ゴロワーズに火をつけてから、僕にも一本勧め、下を向きながら、やはりゆっくりと喋り始めた。紫煙が絡み合う。

「イロ。これから私、喋ること。秘密だ。いいか。誰にも喋らない。約束する。いいか」

「約束します」

「ジャクリーヌと私、恋した。許されない恋。コルシカ居られない。パリに逃げた。仕事を探した。コルスス(コルシカ人)のコネクション頼った。二年経った。気が付いたらマンブル（メンバー）だった。マフィオジ（マフィア）。分かるか。マフィオジ良くない。知っている。カネがなかった。ジャクリーヌを幸せにする。私の責任。分かるか。一度マンブルになる。やめられない。それからまた二年、或る地区のラパルラン（親分）になった。ラパルランの上にもラパルランいる。だがある事件起こる。我々は逃げる。その時、ジェローム生まれた。二十年より前のこと。イロ、大切な話する。今のラパルラン知り合い。ジャンも知っている。そして、ベロニク、私の娘だ」

「え……」

「ジャクリーヌとの最初の娘、ジェロームの姉だ。最初にパリに来たとき……育てること、出来なかった」

「……」

「今その娘が危ない。そうだな？」

「安全ではありません……」

「イロのパリ滞在、もっと短いかと……。ベロニクの前の夫もマフィオジだった」

「……」

「私もあまりそのことに関して、コモンジー（何と言えばいいか）、人のことはとやかく言えない。だがベロニクがギャングと結婚したときは……まあいい。それであの子も過去のことで相当傷ついている。前の旦那、ベロニクのな。かなり私の娘を殴ったり……イロ、やはり悪の道とは縁が切れない。こういう形で問題が起きた」

「ベロニクはあなたが父親であることを知っているのですか」

「知らないはずだ。生まれてすぐ、北の方の遠い知り合いに預けた。あの子がパリに出てきたときは少し驚いたがね」

「ベロニクの前の旦那はまだパリにいますか」

「ウイ」

「ギャング?」

「ウイ」

「もしかして、ベロニクの前の旦那はジャンではないですか」

「何故そう思う」

「ベロニクは酔うと少しおかしくなりますが、ジャンのいるサンドニのクラブに来たときの様子はいつもと少し違っていた。最初、中に入ろうとはしなかった。そこに前の旦那がいることを知った上で僕の演奏を聴きに来たのではと、今考えれば思い当たることがいくつかあります」

「ジャポネの勘は鋭いな」

「ジャン・ルイ」

「なんだ」

「ピストルを持っていますか」

「三八口径、リヴォルバーなら。イロの手にはちょうどいい大きさだ」

「お借りするのにいくらかかりますか」

「あんなもの、ただでいい」

「用意してもらえますか」

「ジャンの所に行く気だな」

32

闇夜の中、ジャン・ルイが呼んでくれたタクシーに乗り込みホテルに帰った。

ベロニクは真っ青な顔で僕を部屋に迎え入れた。

「ジャン・ルイとの話し合いはどうだったの？」

「安心していいよ。明日で全てにけりがつく」

「じゃあ、帰りましょうよ。私このホテルにこもっているのはもうイヤ」

「明日の夜までは、念のためここに身を隠していた方がいい」

「ウーララー！」

「食べ物はまだあるじゃないか」

「もう耐えられないのよ」

「あと一日の辛抱だ」

「ねえ、どうやってケリをつけるの？」

「それは言えない。君を危険に巻き込みたくない」

「もう巻き込まれてるわ」

返す言葉がなかった。どちらにせよ、ベロニクのためにけりをつけなくてはならない。

一つになってしまったスーツケースを開けてみると、幸い、一張羅のスーツを入れてある方であった。

33

翌日、昼までホテルの窓から見えるカフェをじっと眺めていた。午後二時をまわった時点でスーツに着替え、ベロニクには何も言わずに表に出た。

エアーフランスのブランチを探しておいたので、そこに赴き、明後日の便でNY行きのチケットを予約することが出来た。夜七時半出発。この飛行機に乗れることを祈った。

ブランチを飛び出し、タクシーをとめ、サンドニに向かった。

夕刻、件のクラブの真ん前に、タクシーで乗り付けた。札入れから何枚かのフラン札をつかみ出し、勘定もせずに運転手に渡した後、クラブの中に何のためらいもなく向かった。

カウンターの奥にギャバン氏の姿が見えた。

「ボンソワール」

「ボンソワール、ムッシュ」

僕は天井を指さしながらギャバン氏の目を見つめながら一言「ジャン？」と耳打ちするようにささやいた。

彼が頷いたので、先ほど札入れから出した残りのフラン札を一枚、額も確かめず、ギャバン氏の黒い蝶ネクタイの横にあるシャツのポケットにねじ込んだ。

ギャバン氏は微動だにしない。ギャバン氏の立つ後ろの合わせ鏡の先に並べられたグラスの横に、ダイアルのない黒電話が置いてあることは、このカウンターで初めて酒を飲んだときから気付いていた。この黒電話、二階に繋がっているに違いない。

もう一度ギャバン氏の目を見つめながら、今度は黒電話を指さして、再度天井、つまり建物の二階の方に目をやりながら、英語でとてもゆっくりと「ジャンをここに呼んで頂けませんか」と丁寧に頼んだ。

彼はまるでグラスを磨くのと同じ動作で黒電話の受話器をつまみ上げ、一言何かささやいてから素早く受話器を置き、グラスを白いナプキンで磨き始めた。

僕はカウンターに座り直し、スーツのズボンに無造作に突っ込んでおいた三八口径を素早く内ポケットに移し替えた。弾は六発。

しばらくすると、ジャンが階段を降りてくるのが見えた。髪型をオールバックに変えていたので、更にその顔立ちから美貌が匂い立つようであった。

「ボンソワール、ジャン、話がある。まず僕の左横に座ってくれないか」

「ボンソワール、ジャポネの、ああイロとかいったな、おまえのことを探していた。何故かは知っているな。まあ一杯どうだ」

ジャンがギャバン氏にささやく前に、すでに僕の飲み慣れたウイスキーのダブルが置かれていた。ジャンの飲み物は何かのカクテルらしい。ギャバン氏がシェーカーを振り始めた。その小気味よい音を利用して、こちらも黒光りするものを右手で抜きとり、僕の左側に座ったジャンの脇腹に、ピストルをゆっくりと水平にしてグッと押し当てた。と同時に、ギャバン氏がカクテルをジャンの前にすっと差し出す。僕は左横を向き、ジャンの瞳にも僕の目の焦点を合わせた。

「ジャン、トウキョウにもアンダーグラウンドが有ってね。ミュージシャンも自分の身は自分で守るときがある。こういう場合、小型のガンは横倒しにすると反動が少ないことを僕は知っている。ジャンも知っていることだろう？」

「エイ、ジャポネ、タマは入っているのか。そしておまえはここがどこか分かっているのか」

「分かっているから来たんだよ。弾は六発。おまえがこれからどういう動きをしようと、多分少なくとも二発は当たるだろう。一発発射するのに一・五秒、六秒で四発の計算だ。まだ二発残る。六秒間でおまえは僕から一〇メーター以上離れられない。だから悪いことは言わない。少なくとも大怪我をしたくなかったら僕の話を全部聞くまで動くな。ゆっくりとそのカクテルを飲め」

ジャンはカウンターの下で起こっていることとはまるで無関係な表情でカクテルグラスにゆっくりと手を伸ばした。

「ジャン、あんたの親分、リシャールという名前だそうだが本当か」

「ウイ」

「これから僕が何の話を始めるかは、分かっているよな」

「ウイ」

「コブラはあの二階の金庫のカネを、ミュージシャン全員で盗んだと言ったのか」

「ウイ」

「コブラがいくら盗んだか知らないが、僕と他の三人の仲間があの金庫から抜いたカネの額は一人五千フランと、ここからパリの真ん中まで行くタクシー代程度の小銭だ。信じてもらえるか？」

「……」

「僕はギャラとしてその額を演奏仲間三人と分けた。コブラが言っていることは嘘だ。帳簿かなにか有るだろう。コブラの盗んだ金と今僕が言った額を加えてみればだいたい計算が合うはずだが、どうだ」

「……」

「あの額は演奏料としてもらっておく。コブラがどうなってもすでに僕の関知するところではない」

「ＯＫ」

「アタマの中でだいたいの計算は合ったか？　そしてここが最も大切な話だが」

「ウイ」

「コブラと僕と、どちらを信用する？」

「……」

「いいか、コブラは逃げた。僕は逃げも隠れもせず直接ここまで来て話を付けようとしている。さあ、どっちをオマエらフランス人は信用するんだ？」

「……」

「今僕が話したことをそのままリシャールに伝えてくれないか。約束してもらいたい」

「……」

アタマで練った絵図のとおり会話はすすんでいる。次のけじめを付けるときが来た。

「僕はオンナを殴るオトコは好きじゃない」

初めてジャンの表情が少し歪んだ。

「とあるオトコと知り合いでね、あんたの前の女房のオヤジだ」

「ジャン・ルイか」

「ああ、やはり知ってたんだな。リシャールの友達だということもご存知だろう。だから最初はリシャールに会うつもりだった。だが、ジャン、おまえが金庫番なんだろう？」

「ウイ」

「もめるとオマエに何か災いがあることを、まあ考えすぎかも知れないが僕は望んでいない。また、僕が血を流すことをジャン・ルイも望んでいない」

「……」

「だから直接ここに来たんだ。おまえに会うために。そしてもう一つ、理由は言えないが」

僕は少し腰を浮かせ、右足で床に軸足を定めてからいきなりジャンの左頬を派手にひっぱたいた。それまで素知らぬ顔であったギャバン氏の視線が上目遣いに変わり、僕の顔を改めて凝視する。

「いっぺんおまえをこうやって殴らないと気がすまない事情があってね。理由は言えないが」

ジャンは、少しほどけ落ちたオールバックの髪をかきあげつつ、何事もなかったようにカクテルを再度すすり始めた。

「僕の言いたかったこと、やりたかったこと、これで全てが済んだ。けじめとして、明日僕はパリを離れる。空港の荷物検査のところまで、このガンは手放さないつもりだ。それでも僕に用があるならまた会おう」

「ウイ」

「これが僕の思う筋のとおしかた。演奏料をもらっただけだ。僕はピアノ弾きだが、盗みはしない。分かってもらえるな」

「ウイ」

三八口径を右手に持ったままスッと立ち上がり、ギャバン氏にボンニュイと言いつつ飲まなかったウイスキーの代金を払い、ジャンには背中を向けてクラブのドアを開け外に出た。

日はすでに暮れていて、外は真っ暗だった。三八口径をズボンのポケットにしまいつつタクシーを止め、ベロニクの待つホテルへと向かった。

質問攻めにしてくるベロニクの言葉を全て無視して、簡単な身繕いをし、支払いを済ませホテルをあとにした。

ミッシェル・ビゾのアパルトメントに戻ってから、ひとことだけベロニクに、もう逃亡生活をする必要が無い旨を伝えた。質問攻めにしてくるベロニクを無視しながら、僕は身体の芯から疲労した上体をベッドに預け、天井を見つめた。アメリカに帰るときが来た。そのことだけが頭の隅にあった。

夜中の三時過ぎに目が覚めた。あのまま眠ってしまったのだろう。ふと横を見ると、ベロニクが寝息をたてている。彼女も長い逃亡生活で疲れていたに違いない。

机の上には紙片一つ見当たらなかったので、ピアノのところにあった五線紙を一枚破いて、簡単な走り書きの手紙を書いた。

「ベロニクへ。

ありがとう。ボストンに帰らなくてはならない。事情は後で説明する。ボストンの住所は後ではがきで知らせる。一言だけ書き添える。君のことはわすれない。　ＨＩＲＯ」

しばらくその紙片を見つめた後、ボストンまでの航空運賃と、少し隠し持っていたドル札以外のカネを手紙の上に乗せた。テーブルにあった燭台を重し代わりにその上に置き、ゆっくりと深呼吸した。

そして、ベロニクを起こさないようにゆっくりと、彼女の唇に指を触れてから、そっとキスをし、一張羅のスーツに着替え、まわりを見回した。窓、家具、アップライトピアノ、いつも酒瓶だらけのテーブル。もう目にすることはないだろう。あの窓は私が磨き上げたものだ。

ベロニクが寝返りをうった瞬間、僕はドアの方に歩を進めた。

鍵をポストに入れ、ミッシェル・ビゾ駅へ。最初は地下鉄でドゴール空港まで行こうと思っていたが、地下鉄にも、沢山の想い出が詰まっているような気がしてやめにした。

しばらく歩いてからタクシーを止めた。空港までと英語で告げると、運転手が喋りかけてきた。

「ムッシュー、日本人ですか?」

「そうです。日本人です」

「観光ですか」

「いや、空港に行くと言ったでしょう。帰るのです。しかし、英語が上手ですね」

「勉強しました。観光客を案内するのに便利なんでね。美術館に連れて行って、お客さんが出てくるまで待っていて、つまり、一日貸し切りみたいな事もするんです」

「それは残念だな。もっと早くあなたの車に乗れれば良かった」

「飛行機は何時です？　時間によっては名所に案内する時間があるかも知れない」

「いや、空港へ」

「残念ですね。ところで、パリにはどのくらい滞在されていましたか」

「一週間……くらいかな」

「どこに行きました？」

「いろいろなところさ」

「パリはお気に召しましたか」

「ウイー、パリという街は実に、実に……ステキな街だ。こんなにも、そう、ステキな街は……ないですよ」

「お客さん、どうしました？　気分でも悪いんですか？」

「いや、ちょっと」

ヨーロッパに来てはじめて涙が少しこぼれてきそうになったので、運転手に悟られまいとして、深々と座席に座り直し、まわりの景色も見ないようにした。

「お客さん、この先に行くと、もう良い景色はありませんよ。パリにお別れを言わなくて良いんですか」

「……」

「今度またパリに来るご予定は？」

「来年かな。必ず来るよ。もう一度…ああ、来るとも。もう一度」

「名刺を渡しておきます。あらかじめ日程が決まっていれば、誰も知らない名所に案内しますよ」

昼過ぎに空港に着いた。出発は午後七時半過ぎだ。バーコーナーで、ポケットにまだ入っている三八口径のグリップを握り締めながら、辺りに気を配りつつ、ずーっと赤ワインを飲んでいた。

外が暗くなってきた。だがまだフライトの時間まで二時間はある。反対のポケットの中に無意識に手を突っ込んだら、さっき使ったタクシーの名刺が出てきた。「リシャール・ブルジェ、Historic Sites Guide in Paris」

「ハハ……」

僕は力無く少し笑った。酔いが回りすぎて、背の高いバーカウンターの椅子から落ちそうになった。

「またリシャールだ、リシャール、リシャール、リシャール……」

今度パリに来られるのはいつだろうか。

出発の時間がきた。バーで勘定をすませると、持ち金はほんのわずかとなった。なんとかなる。ＮＹまで行けばまた口八丁手八丁、そこでボストンまでのバス代を誰かに借りれば、あとは少なくともアパートメントに帰ることができる。

立ち上がろうとしたらグラッときた。急に酔いが回り始めたようだ。よく考えれば、昼過ぎから六時間以上飲んでいた事になる。だが、気を緩めてはいけない。ジャンの言うことを聞かない跳ねっ返りが、僕をどこかで待ち伏せしているかも知れない。緊張感を保て、と自分に命令しながら、同時に、NY行きのゲートに入る手前にあったゴミ箱に、三八口径をストンと放り込んだ。

ものすごい作り笑いのフライトアテンダントに迎えられ機内に入った瞬間、ものすごい吐き気が僕を襲った。多分ここまで来れば安全だと、体が無意識に弛緩したのだろう。更に、あのイヤミな作り笑いにアタッタのだと自分勝手に決めつけながら、自らの席も確認せず、トワレットに駆け込んだ。

エンジン音が高鳴り、離陸態勢に入ったことがトワレットの中でも感知できた。コンコンコン、ドアがノックされる。ドアの向こうから緊張した声がスローモーション気味に聞こえてきた。

「ムッシュー！　離陸時にトワレットに居てはいけません。席にお戻り下さい」

分かってるよ、そんなこと。ただあなたの制服を真っ赤に染めたくないだけなんだけどな。

何とかトイレから出ようとすると、また次のウエーヴが胃の腑から襲ってくる。そのうち、トイレの床が斜めになった。ははあ、離陸したんだな。長方形の箱形のトイレが傾き始めたので、左右の壁に両手を突っ張った。長方形の小部屋が傾いているのに、僕が呑んだワインは垂直に便器を目指す。これはアインシュタイン的発見じゃないか。

「ムッシュー！　直ちにトイレから出て下さい。離陸時のトイレの使用は禁止されています」

「ウイウイウイ！　アイノウ！　ジュスイマラデ！」（分かってるよ！　オレは病気なんだ！）

そう内側から応答している僕に、ドアの外から事務的なフレーズが繰り返される。

「ムッシュー！　直ちにトイレから出て下さい。ムッシュウー！　ムッシュウー！」

ＮＹに向かう機内のトワレットで、薄ぼんやりと考えた。

大西洋のどのあたりまで行ったら、トワレットがトイレットになるのだろうか。
気づくと、いつの間にかトイレットの床は水平になったようだ。

南博　みなみひろし

ジャズピアニスト。1960年東京都生まれ。東京音楽大学、バークリー音楽大学卒業。1990年代からは、スイス、フランス、ドイツ、デンマークなどに活動の範囲を広げ、ヨーロッパのミュージシャンと交流、ツアーを敢行。デンマークのトランペッター、キャスパー・トランバーグとの親交は深く、コペンハーゲンジャズフェスティバルを含むコンサート活動、CDなどにも参加。国内では自身のグループ「GO THERE」をメインに活動、綾戸智恵、菊地成孔、ジム・ブラック、与世山澄子などと共演を重ねる。

ＣＤに『Touches and Velvets』『Behind the Inside』『Fox Wedding』『Body and Soul』『Elegy』など多数。著作に『白鍵と黒鍵の間に～ジャズピアニスト・エレジー銀座編』『鍵盤上のU.S.A.～ジャズピアニスト・エレジーアメリカ編』（ともに小学館）、『マイ・フーリッシュ・ハート』（扶桑社）がある。

http://minamihiroshi.com/new/

パリス

ジャポネピアニスト、パリを彷《ゆ》徨く

2018年4月4日　初版発行

著　者　南博
発行者　井上弘治
発行所　**駒草出版**　株式会社ダンク出版事業部
〒110-0016
東京都台東区台東1-7-1　邦洋秋葉原ビル2階
TEL 03-3834-9087
FAX 03-3834-4508
http://www.komakusa-pub.jp/

編集協力　J's publishing
印刷・製本　シナノ印刷株式会社

落丁・乱丁本はお取り替えいたします。定価はカバーに表記してあります。

ISBN978-4-905447-94-8 C0095